Cornelia Fedtke / Kai-Uwe Hellmann / Jan Hörmann

Migration und Militär
Zur Integration deutscher Soldaten mit Migrationshintergrund in der Bundeswehr

Migration und Militär

Zur Integration deutscher Soldaten mit Migrationshintergrund in der Bundeswehr

Cornelia Fedtke / Kai-Uwe Hellmann / Jan Hörmann

2013

Carola Hartmann Miles-Verlag

CIP-Kurztitelaufnahme der Deutschen
Nationalbibliothek:

Cornelia Fedtke / Kai-Uwe Hellmann / Jan Hörmann: Migration und Militär.
Zur Integration deutscher Soldaten mit Migrationshintergrund in der
Bundeswehr, Berlin (Carola Hartmann Miles-Verlag) 2013

Carola Hartmann Miles-Verlag, 2013
ISBN 978-3-937885-72-8

Titelbild: Deutscher.Soldat.e.V.

Herstellung: Books on Demand, Norderstedt

© Carola Hartmann Miles-Verlag,
George-Caylay-Str. 38, 14089 Berlin
(E-Mail: Miles-Verlag@t-online.de; www.miles-verlag.jimdo.com)

ISBN 978-3-937885-72-8

Inhaltsverzeichnis

Vorwort   7

1   Einleitung   9

2   Deutsche Soldaten mit Migrationshintergrund: Erste Eigeninitiativen der Bundeswehr   12

2.1   Grund zum Nachfragen: Die SoWI-Studie   12

2.2   Leitlinien für die Integrationsthematik in der Bundeswehr   13

2.3   Die Zentrale Koordinierungsstelle Interkulturelle Kompetenz   15

3   Legitimation und Autonomie: Der soziologische Neoinstitutionalismus   16

3.1   Die drei Handlungsmodi „Talk", „Decision" und „Action"   17

4   Die Ergebnisse der eigentlichen Untersuchung   34

4.1   Die Presseauswertung der Printmedien   34

4.2   Die politischen Parteien zur Integrationsproblematik der Bundeswehr   45

4.3   Die Zeitschrift *Bundeswehr aktuell*   52

4.4   Selbstdarstellung und Migrationsthematik in Videos der Bundeswehr   61

4.5   Die Rekrutierung von Soldaten ohne deutschen Paß   69

4.6   Die Internetseiten der Bundeswehr   70

4.7   Die SoWI-Studie   80

4.8   Zum Stand der Integration im institutionellen Gefüge der Bundeswehr   83

4.9   Zentrale Dienstvorschriften und das Arbeitspapier 1/2011   98

4.10   Interviews mit deutschen Soldaten mit Migrationshintergrund   121

4.11   Der Wehrbeauftragte und die Jahresberichte   121

4.12   Der Verein *Deutscher. Soldat. e. V.*   132

4.13   Die Charta der Vielfalt und der Beitritt der Bundeswehr 2012   141

5   Schlußfazit   146

6   Literaturverzeichnis   151

Abkürzungen

AIK	Akademie der Bundeswehr für Information und Kommunikation
B1	erster Befragte
B2	zweiter Befragte
B3	dritter Befragte
BMVg	Bundesministerium der Verteidigung
EuGH	Europäischer Gerichtshof
FüS1/FüS2	Führungsstabsabteilungen im Verteidigungsministerium
GG	Grundgesetz
HSU	Helmut-Schmidt-Universität/Universität der Bundeswehr Hamburg
IkK	Interkulturelle Kompetenz
LwStO	Luftwaffenstandort
MAD	Amt für den Militärischen Abschirmdienst
RdNr.	Randnummer
SG	Gesetz über die Rechtstellung der Soldaten
SoWI	Sozialwissenschaftliches Institut der Bundeswehr (seit 2013: ZMSBw)
WBeauftrG	Gesetz über den Wehrbeauftragten des Deutschen Bundestages
ZDv	Zentrale Dienstvorschrift
ZInFü	Zentrum Innere Führung
ZKIkK	Zentrale Koordinierungsstelle Interkulturelle Kompetenz
ZMSBw	Zentrum für Militärgeschichte und Sozialwissenschaften der Bundeswehr

Vorwort

Im Masterstudiengang „Politikwissenschaft" der Helmut-Schmidt-Universität (HSU), Universität der Bundeswehr Hamburg, wird jeweils im Herbst- und Wintertrimester (Oktober bis März) im Ergänzungsbereich „Organisationen im gesellschaftlichen Feld" ein Lehrforschungsprojekt durchgeführt, das den Studierenden die Gelegenheit geben soll, selbst zu forschen.

Im Herbsttrimester 2011 und Wintertrimester 2012 habe ich dort das Lehrforschungsprojekt „Integration von Soldaten mit Migrationshintergrund in der Bundeswehr" angeboten und durchgeführt. An diesem Projekt waren folgende Studierende beteiligt: Isabel Borkstett, Mario Frey, Sebastian Fuchs, Nina Gerdeman, Jan Hörmann, Sebastian Linke, Yvonne Rötter, Patrick Rose, Fabien Savary, Baptiste Viallon und Patrick von Krienke.

Der Ende März 2012 durch die Studierenden vorgelegte Forschungsbericht erbrachte zahlreiche neue, interessante Einsichten zu diesem Themenkomplex. Angesichts von lediglich sechs Monaten Bearbeitungszeit war dies eine ansehnliche Leistung. Dabei wurde der hiermit vorgelegte Bericht, da schon bald zwei Jahre alt, an den entsprechenden Stellen ins Imperfekt zurückübersetzt. Eine umfassende Aktualisierung wurde nicht verfolgt.

Auf Anregung von Oberst Dr. Uwe Hartmann, dem damaligen militärischen Leiter des Studentenbereichs der HSU, wurde im Laufe der letzten Monate die Veröffentlichung dieses Lehrforschungsprojektberichtes vorbereitet. Hieran haben Cornelia Fedtke, studentische Hilfskraft am Lehrstuhl, und Jan Hörmann, ehemals Studierender an der HSU, maßgeblich mitgewirkt.

Der nunmehr veröffentliche Forschungsbericht wurde grundsätzlich überarbeitet und aktualisiert. Gleichwohl bezieht sich die Textrevision auf den ursprünglichen Lehrforschungsbericht. Deshalb wurden Aufbau, Gliederung, Schreibstil- und Diktionsunterschiede größtenteils beibehalten. Dies gilt es bei der Lektüre zu berücksichtigen.

Im Ergebnis wird eine Studie zum Thema „Integration von Soldaten mit Migrationshintergrund in der Bundeswehr" vorgelegt, die zahlreiche neue Aspekte zu Tage gefördert hat und Anlaß geben sollte, dieses Thema engagiert weiterzuverfolgen.

Berlin, September 2013   Kai-Uwe Hellmann

1   Einleitung

Im Juli 2010 erklärte die Staatsministerin Maria Böhmer bei einem Besuch der Zentralen Koordinierungsstelle Interkulturelle Kompetenz am Zentrum Innere Führung der Bundeswehr in Koblenz: „Die Bundeswehr setzt auf interkulturelle Kompetenz – das ist Chance und Herausforderung zugleich! In keiner anderen Institution werden Menschen unterschiedlichster Herkunft und Religionen so zusammengeführt. Damit leistet die Bundeswehr einen wertvollen Beitrag für den Zusammenhalt und die Integration in unserem Land." (Bundesregierung.de 2010) Diese Einschätzung soll im folgenden kritisch überprüft werden. Zunächst aber einige Daten zur allgemeinen Situation.

In Deutschland leben ungefähr 15 Millionen Menschen, die einen Migrationshintergrund haben. Dies entspricht einem Fünftel der Bevölkerung. Viele Migrantinnen und Migranten sind in Deutschland geboren und haben ihren Platz in der Gesellschaft längst gefunden (Bundesregierung.de 2009). Zu diesen können mit Sicherheit die meisten Bundeswehrsoldaten mit Migrationshintergrund gezählt werden. Dabei setzt deren Eintritt in die Streitkräfte nicht nur eine hohe Integrationsbereitschaft, sondern auch eine spezielle Form der Identifikation mit Deutschland voraus. Zumal der Umstand, daß sich Menschen so eindeutig zu einem Land bekennen, das nicht ihre ursprüngliche Heimat ist, für sich genommen schon bemerkenswert erscheint.

In diesem Zusammenhang ist ein besonderes Augenmerk auf die Ergebnisse einer bundeswehrinternen Studie zu richten, die vom Sozialwissenschaftlichen Institut der Bundeswehr im Jahre 2009 durchgeführt wurde. Hierin wurde festgestellt, daß etwa zwölf Prozent der Soldatinnen und Soldaten in der deutschen Armee einen Migrationshintergrund besitzen, wovon fünf Prozent eigene Migrationserfahrungen aufweisen, also nicht in Deutschland geboren wurden (Langer 2010: 6). Im Vergleich dazu wiesen bezüglich des Bevölkerungsdurchschnitts, auf Grundlage des Mikrozensus des statistischen Bundesamtes, ‚lediglich' 9,9 Prozent der Personen einen Migrationshintergrund im engeren Sinne auf.[1]

---

1   Vgl. Statistisches Bundesamt (2007) zum Verhältnis von Migration und Integration.

Die Themen „Migration" und „Integration" firmieren dabei nicht nur als Bestandteil eines Diskurses innerhalb der Bundeswehr, sondern genießen auch in der allgemeinen Öffentlichkeit hohe Aufmerksamkeitswerte.

Was die Bundeswehr bezüglich des Verhältnisses von Migration und Integration tatsächlich unternimmt und welche Selbstdarstellungen, Entscheidungen und Maßnahmen existieren und daraus folgen – das zu reflektieren war Ziel des Forschungsprojektes. Der vorliegende Bericht gibt die Ergebnisse dieses Projektes wieder.

Er gliedert sich in drei Hauptkapitel: eine Fallbeschreibung, die Darstellung der zugrunde gelegten Theorie und die Präsentation der Untersuchungsergebnisse. Auf letztere richtet sich das Hauptaugenmerk dieser Arbeit. Eine Einleitung und ein Schlußfazit säumen den Bericht.

Im zweiten Kapitel „Deutsche Soldaten mit Migrationshintergrund: Erste Eigeninitiativen der Bundeswehr" wird aufgezeigt, welche Überlegungen und Maßnahmen die Bundeswehr bislang unternommen hat, um Soldaten mit Migrationshintergrund zu integrieren. Im Wesentlichen geht es dabei um Absichtserklärungen und Leitlinien. Im Anschluß führt das dritte Kapitel „Legitimation und Autonomie" in den soziologischen Neoinstitutionalismus, speziell die Organisationstheorie von Nils Brunsson ein.

Im vierten Kapitel geht es um die Präsentation und Evaluation der empirischen Ergebnisse. Der Aufbau dieses Kapitels folgt tendenziell der Logik „Von außen nach innen". Der erste Abschnitt befaßt sich mit der quantitativ-qualitativen Analyse von Presseberichten in überregionalen Zeitungen und Zeitschriften bezüglich des Themenkomplexes „Integration von Soldaten mit Migrationshintergrund in der Bundeswehr". Im zweiten Abschnitt geht es um die Frage, inwieweit die politischen Parteien zum Thema „Soldaten mit Migrationshintergrund in der Bundeswehr" Stellung bezogen haben. Im dritten Abschnitt wurde die bundeswehreigene Zeitschrift *Bundeswehr aktuell* einer Analyse hinsichtlich dieses Themenkomplexes unterzogen. Im vierten Abschnitt wurden Videospots der Bundeswehr im Hinblick auf die Präsenz der Migrationsproblematik analysiert. Im fünften Abschnitt wird die Frage behandelt, ob die Bundeswehr zur damaligen Zeit Maßnahmen plante, um Migranten ohne deutschen Paß zu rekrutieren und welche dies ggf. waren. Im sechsten Abschnitt werden einige Internetseiten der Bundeswehr daraufhin durchgesehen, ob und inwiefern sich dort Stellungnahmen der Bundeswehr zum Themenkomplex „Integration von Soldaten mit Migrationshintergrund" finden. Im siebten Abschnitt wird die schon erwähnte Studie des Sozialwissenschaftlichen Instituts der Bundeswehr nochmals herangezogen und eingehender diskutiert. Im achten Abschnitt wird eine Recherche präsentiert, die sich auf das innere Gefüge der Bundeswehr bezog und der Frage nachging, wer innerhalb der Bundeswehr zuständig ist für die Integrationsthematik. Im neunten Abschnitt wird aufgezeigt, wie die Lage der Dienstvorschriften der Bundeswehr zu dieser Thematik war. Im zehnten Abschnitt werden die Ergebnisse von Interviews mit deutschen Soldaten mit Migrationshintergrund vorgestellt. Im elften Abschnitt wird die Integrationsthematik für den Bereich des Wehrbeauftragten des Deutschen Bundestages diskutiert. Im zwölften Abschnitt wird der Verein Deutscher. Soldat. e. V. vorgestellt, und im dreizehnten Abschnitt die Charta der Vielfalt und deren Bedeutung für die Bundeswehr seit ihrem Beitritt 2012.

In einem abschließenden Fazit werden die einzelnen Kapitel und Abschnitte der Abhandlung nochmals ins Gedächtnis gerufen und die wesentlichen Erkenntnisgewinne in komprimierter Form dargestellt.

2 Deutsche Soldaten mit Migrationshintergrund: Erste Eigeninitiativen der Bundeswehr

In der Einleitung klang es bereits an: Soldaten mit Migrationshintergrund repräsentieren einen nicht unerheblichen Teil der deutschen Streitkräfte. Damit zeitigen Fragen von Interesse, worauf sich dieser Umstand gründet.[2] Gibt es Faktoren, die den Eintritt von Personen mit Migrationshintergrund in die Bundeswehr begünstigen? Lassen sich die Führungsstrukturen oder die hierarchische Aufstellung der Organisation als besonders integrationsfreundlich verorten? Gibt es Maßnahmen der Bundeswehr, die dezidiert das Thema „Integration von Soldaten mit Migrationshintergrund" adressieren, und wie umfangreich sind diese?

2.1 Ein erster Grund zum Nachfragen: Die SoWI-Studie von 2009[3]

Ein zentraler Beweggrund, warum sich das Lehrforschungsprojekt der Frage der Integration von Soldaten mit Migrationshintergrund in der Bundeswehr gewidmet hat, lag in den Ergebnissen einer vom Sozialwissenschaftlichen Institut der Bundeswehr (SoWI) 2009 durchgeführten Studie.[4] Die Studie wird später noch im Detail vertieft. Im folgenden werden das SoWI und dessen institutionelle Einordnung kurz skizziert.

Das Sozialwissenschaftliche Institut der Bundeswehr führt streitkräftebezogene empirische Sozial- und Grundlagenforschung im Bereich der Militärsoziologie durch. Administrativ wird es dem Bundesministerium der Verteidigung zugerechnet. Gegründet wurde das Institut 1974 in München und war Nachfolger des Wissenschaftlichen Instituts für Erziehung und Bildung in den Streitkräften. Bis 2013 verrichtete das SoWI seine Arbeit in Straußberg,

---

2 Vgl. hierzu auch die sechs Argumente für die „relevance of cultural diversity" für das Militär, die Jan van der Meulen und Joseph Soeters (2007: 4ff.) zusammengetragen haben.

3 Sofern nicht anders angegeben, stammen die Informationen von der (alten) Homepage des Sozialwissenschaftlichen Instituts der Bundeswehr „Über Uns" (damals noch in Strausberg angesiedelt). Trotz des Umzugs nach Potsdam und der Eingliederung in das neue „Zentrum für Militärgeschichte und Sozialwissenschaften der Bundeswehr" (ZMSBw) Anfang 2013 wird im Rahmen dieser Publikation an der alte Bezeichnung einfachhalber festgehalten.

4 Ausschlaggebend war allerdings der Vorschlag von Lt. Nina Gerdeman, dieses Thema zur Grundlage des Lehrforschungsprojektes zu machen.

seitdem in Potsdam. Truppendienstlich untersteht das Institut dem Streitkräfteamt, in fachlicher Hinsicht dem Führungsstab der Streitkräfte.

Im Auftrage der Bundeswehr führt das SoWI überwiegend militärsoziologische Studien durch. Es werden Forschungsbeiträge und Gutachten erstellt. Dies schließt auch die Untersuchung der öffentlichen Meinung zu Militär- und Verteidigungspolitik mit ein. Außerdem leistet es mit seiner Präsenz in verschiedensten Diskussionszusammenhängen einen Beitrag zur „demokratieverträglichen Zukunftsfähigkeit der Streitkräfte sowie zur Effektivität und Effizienz der Bundeswehr." Forschungs- und Erkenntnisinteressen generieren sich aus der Zusammenarbeit mit Partnern aus der Bundeswehr, Politik und Wissenschaft.

Im Zuge eben genannter Tätigkeitskomplexe wurde die zugrundeliegende Studie verfaßt, deren Inhalte und Ergebnisse insbesondere im Hinblick auf den ,Sachstand' in der Bundeswehr fruchtbar erschienen. So formulierte der ehemalige Wehrbeauftragte Reinhold Robbe einmal: „Die Bundeswehr ist ein Spiegel der Gesellschaft." (Schmidt 2010) Dies scheint sich auch und vielleicht in besonderem Maße durch die zahlenmäßige Vertretung von Soldaten mit Migrationshintergrund in den deutschen Streitkräften zu bestätigen. Diese Annahme gewann durch die Forschungsarbeit des SoWI in aller Deutlichkeit an Kontur. Aus diesem Grund griff das Lehrforschungsprojekt das Institut und die von ihm erarbeitete Studie sowohl hier als auch in einem späteren Untersuchungsabschnitt auf.

2.2 Leitlinien für die Integrationsthematik in der Bundeswehr

Analog zur kurzen Vorstellung des SoWI soll eine einführende Orientierung zu den wichtigsten Dokumenten, Verpflichtungen und Verträgen gegeben werden, die sich seitens der Streitkräfte mit der Integration von Soldaten mit Migrationshintergrund befaßt haben. In Anbetracht dessen, daß es sich um einen Näherungsschritt handelte, wurden nur ausgewählte Schriften behandelt.

Das grundlegende und zugleich weitreichendste Dokument, welches das soziale Miteinander, die Führungskultur und das Selbstverständnis der Bundeswehr regelt, ist die ZDv 10/1 „Innere Führung". Obgleich sie nicht exklusiv oder extensiv die Integration von Soldaten mit Migrationshintergrund thematisiert, prädestiniert ihre Funktion als direktes Bindeglied zum Grundgesetz sie für eine herausgehobene Analyse. Sie verknüpft die Bundeswehr, sprich jedwede in ihr stattfindende Kommunikation, mit dem freiheitlichen demokratischen Rechtsstaat (ZDv 10/1 RdNr. 101). Dies untermauert die Geltung von deutschem Recht und Gesetz in den Streitkräften, wodurch alle bestehenden Gesetze zu Integration bzw. Inklusion in die Bundeswehr ,hineinverlängert' werden und weiterhin Geltung besitzen.

Daneben orientiert sich die Bundeswehr an den Richtlinien des Bundes und den politischen Wegmarken der Regierung, wie dem Nationalen Integrationsplan und den Koalitionsvereinbarungen. In Ersterem stößt man auf den Passus, Integration sei eine Aufgabe von nationaler Bedeutung und der Bund müsse neue Wege zu einer „aktivierenden und nachhaltigen Integrationspolitik, die die Potenziale der Zugewanderten erkennt und stärkt", gehen (Bundesregierung.de 2009: 1). Im Nationalen Integrationsplan kristallisiert sich das Bewußtsein des Bundes bezüglich seiner Rolle als Arbeitgeber heraus: „Integration gelingt am besten dort, wo Menschen aus Zuwandererfamilien aktiv im Erwerbsleben stehen. Wirtschaft und Verwaltungen werden künftig gezielt auf Personal mit spezifischen sprachlichen und interkulturellen Kenntnissen angewiesen sein. Eine deutliche Verbesserung der Arbeitsmarktintegration ist daher sowohl aus sozial- und gesellschaftspolitischen wie aus volkswirtschaftlichen Gründen dringend geboten." (Bundesregierung.de 2009: 4)

Implementiert der Bund, wie angesprochen, neue Richtlinien in diesem Themenfeld, halten diese mittelfristig auch bei der Bundeswehr Einzug. Sie muß sich dadurch den gleichen sozialen Realitäten stellen und ist als Teilorganisation des Bundes gesellschaftliches und volkswirtschaftliches Vorbild, mit der gleichen Verantwortung. Infolgedessen werden sich die gestreiften Themenkomplexe in Zukunft auf die Personalauswahl und -entwicklung der Streitkräfte auswirken. Ferner strukturieren sie, welches Personal wie ausgewählt wird. Gleichwohl Soldaten mit Migrationshintergrund in den Streitkräften zum Alltag gehören, beschäftigt die Bundeswehr nur Personen deutscher Staatsangehörigkeit.[5] Gleichzeitig ist die Bundeswehr als Auftragsempfänger der Regierung immer an die spezifische Weisungsrichtung der regierenden Parteien gebunden. Momentan konsentieren diese die Stoßrichtung des Nationalen Integrationsplans.

---

5 Bereits zur Amtszeit von Karl-Theodor zu Guttenberg wurde darüber nachgedacht, die Aufnahme inländischer Personen ohne deutsche Staatsangehörigkeit, bei entsprechender Eignung, in die Bundeswehr zu ermöglichen.

2.3 Die Zentrale Koordinierungsstelle Interkulturelle Kompetenz

Eine weitere Organisation, die in diesem Zusammenhang von Belang ist, ist die Zentrale Koordinierungsstelle Interkulturelle Kompetenz (ZKIkK). Sie figuriert als eine Abteilung des Zentrums Innere Führung (ZInFü) in Koblenz. Ihre Aufgabe besteht darin, die bundeswehrgemeinsamen Herausforderungen und Maßnahmen bezüglich interkultureller Kompetenz und der Integration von Soldaten mit Migrationshintergrund zentral zu gestalten respektive zu koordinieren. Die ZKIkK bündelt vorhandene Expertise und entwickelt Konzepte zur Ausbildung von Multiplikatoren. Diese sollen interkulturelle Kompetenz in alle truppendienstlichen Bereiche projizieren und eine Basisqualifikation vermitteln, die elementar scheint, um interkulturellen Begegnungen im Einsatz und im Grundbetrieb der Organisation gerecht zu werden. Daneben datiert sie als der zentrale Ansprechpartner für Fragen zu Interkultureller Kompetenz, wofür sie neben der Ausbildung von Multiplikatoren auch Dokumente und Vorträge konzipiert. In Kooperation mit verschiedenen militärischen und zivilen Stellen bildet die ZKIkK eine Plattform für Experten und ihren Austausch. Darüber hinaus richtet sie Konferenzen aus oder entsendet Teilnehmer zu Konferenzen anderer Institutionen auf diesem Gebiet, um einen stetigen Wissensaustausch sicherzustellen.

Damit ist ein erster Überblick hinsichtlich der damaligen Institutionalisierungsmaßnahmen der Bundeswehr erreicht, soweit es die Integration von Soldaten mit Migrationshintergrund betrifft. Im nächsten Kapitel, das sich mit dem soziologischen Neoinstitutionalismus befaßt, werden die zentralen Kategorien vorgestellt, mit denen anschließend der empirische Stand der entsprechenden Integrationsbemühungen der Bundeswehr analysiert wurde.

3   Legitimation und Autonomie:
Der soziologische Neoinstitutionalismus

Schon vor mehr als 100 Jahren hatte Max Weber darauf hingewiesen, daß Herrschaft nur stabil ist, wenn sie legitim erscheint. Der Legitimationsglaube des Volkes fungiere somit als ein zentraler Stabilisierungsfaktor politischer Herrschaft. Gewalt, Interessen, Opportunitäten reichen dafür allein nicht aus; hinzu treten müßten sozusagen noch Ideen und Werte.

Diese These einer Interdependenz zwischen Stabilität und Legitimität läßt sich auf jede formale Organisation übertragen (Meyer/Rowan 1977; Hellmann 2006). Denn Organisationen, lange Zeit nur dadurch qualifiziert, effizient und rational zu sein (oftmals ein Mythos, wie wir inzwischen wissen), sind für ihren Fortbestand gleichermaßen darauf angewiesen, daß ihre relevanten Umwelten und deren systemspezifischen Publika, seien es Gläubige, Kunden, Patienten, Wähler, Zuschauer, ihr Treiben für legitim erachten. Sonst kann „loyalty" in „voice" umschlagen und möglicherweise sogar in „exit" enden (Hirschman 1974).

Richtiggehend manifest wurde diese Sichtweise erstmals in einem Aufsatz von John W. Meyer und Brian Rowan aus dem Jahre 1977 dargelegt, der den vielsagenden Titel „Institutionalized Organizations: Formal Structure as Myth and Ceremony" trug. Doch wurde in diesem Beitrag nicht nur darauf hingewiesen, daß formale Organisationen legitim erscheinen müssen, um überlebensfähig zu sein, sondern auch hervorgehoben, daß die inneren Belange einer Organisation darüber nicht vernachlässigt werden dürfen. Legitimität nach außen darf nicht auf Kosten der Autonomie nach innen gehen. Diese Überlegung führte zu der weiteren Annahme, daß formale Organisationen einen Spagat bewältigen müssen: einerseits legitim erscheinen, andererseits autonom bleiben. Innen- und Außenverhältnisse sind zwar interdependent, aber nicht zwingend kongruent. Die Grundlage für ein neues Verständnis formaler Organisation war damit formuliert worden.

Heutzutage bezeichnet man diesen Ansatz als soziologischen Neoinstitutionalismus, der sich seitdem naturgemäß weiterentwickelt hat. Gleichwohl, die Theorie von Nils Brunsson, welche dieser Arbeit ihre theoretische Grundierung verleiht, steht noch ganz in der Tradition von Meyer/Rowan, denen zufolge ein *Erfordernis von Legitimität und Entkopplung zugleich* bestehe. Diese theoretische Rahmung soll im folgenden entwickelt werden.

3.1 Die drei Handlungsmodi „Talk", „Decision" und „Action"

Ausgangspunkt für die Wahl der Theorie Brunssons war die Einsicht von Meyer/Rowan (1977), daß formale Organisationen sowohl sich selbst als auch ihren jeweiligen Umwelten gerecht werden müssen, um überlebensfähig zu sein. Dies kann bedeuten, daß eine Organisation im Sinne Erving Goffmans mindestens auf zwei Bühnen gleichzeitig agieren muß: auf der Vorderbühne, die ganz dem Publikum zugewendet und für die Organisationslegitimität entscheidend ist, und auf der Hinterbühne, auf der die Organisation vor der Beobachtung durch ihr jeweiliges Publikum geschützt ist und sich ungestört den Dringlichkeiten des Organisationsalltags widmen kann. Je nach Anspruch operiert eine Organisation demnach in einem anderen Modus. Von außen mag dies den Eindruck von ,Heuchelei' oder ,Scheinheiligkeit' („hypocrisy") erwecken, wie Brunsson dies genannt hat, weil nach zweierlei Maß gehandelt wird.[6] Von einer übergeordneten Warte aus betrachtet, handelt es sich hingegen um den Versuch, mehreren, gleichermaßen legitimen ,Stakeholdern' gerecht werden zu wollen, und sei es um den Preis einer Bühnen- oder Ebenendifferenzierung (Meyer/Rowan 1977: 345; Suchman 1995: 581).

Brunsson (2007b: 115) geht noch einen Schritt weiter und unterscheidet zwischen den drei Handlungsmodi: „Talk", „Decision" und „Action", um damit drei unterschiedliche Anspruchshaltungen, die an jede Organisation herangetragen werden können, zu berücksichtigen (Meyer/ Rowan 1977: 349). Das hiermit verfolgte Ziel bleibt durchweg die Aufrechterhaltung von Organisationslegitimität und Organisationsautonomie zugleich. Dabei faßt Brunsson die herrschende Meinung über formale Organisationen wie folgt zusammen: Sie würden analog zum Menschen als Individuum angesehen werden, so als hätten sie eine klare Identität und Normenhierarchie. Als autoritatives Zentrum fungiere das Management. Dieses stelle sicher, daß die selbstgestellten Aufgaben in entsprechende „Actions" übersetzt werden, wobei das Management autonom agiere und sich durch einen gewissen Fundus an Alternativen auszeichne. Effizienz, Intentionalität und Rationalität bildeten signifikante Entscheidungsfaktoren (Brunsson 2007a: 3f.).

---

6 Zum Begriff der ,Heuchelei' vgl. Brunsson (2007b: 112): „hypocrisy means 'the assumption or postulation of moral standards to which one's own behavior does not confirm'. [...] it also encompasses talk, decisions, and actions related to things outside the 'moral' realm. Thus it is not necessarily the case that what is said is better than what is done."

Die besondere Perspektive Brunssons zeichnet sich dadurch aus, daß er sich gegen die herkömmliche Sichtweise verwehrt, zwischen Mitteilung, Entscheidung und Ausführung müsse ein Konnex, eine zeitlich lineare Kausalität bestehen. Im Kontrast dazu macht er permanent Inkonsistenzen zwischen den drei Handlungsmodi aus. In der Praxis finde sich sogar der umgekehrte Zusammenhang, so Brunsson (2007b: 112f., 115f.): Wenn eine oder zwei der drei Handlungsmodi eine Richtung vorgeben würden, steige die Wahrscheinlichkeit einer Abweichung des dritten.

Seine theoretischen Betrachtungen werden im Folgenden expliziert und jeweils noch um verwandte Positionen ergänzt und gespiegelt. Am Ende eines jeden Abschnitts findet sich ein Resümee für die Anwendung im Empirieanteil dieser Untersuchung.

3.1.1 „Talk" als Mitteilung und Interaktionsschablone

„Talk" fungiert laut Brunsson als Ideensystem in mentalen und kommunikativen Abläufen. Ferner wird „Talk" in der innerorganisatorischen Kommunikation oder beim Austausch mit der Umwelt angetroffen.

Bei der Wahrnehmung formaler Organisationen durch Außenstehende liegt zumeist eine klare Abgrenzung von Administration und Ausführung vor. Genauso fraglos wird dies für „Talk" und „Action" gesetzt. Eine Begründung lautet, daß eine bloße Mitteilung weniger limitiert und weitaus weniger in bestimmten Rahmungen gefangen wäre. Entscheidungen respektive Ausführungen seien dagegen an zeitliche Konditionen gebunden und technisch nicht befähigt, vergleichbar visionär auszufallen (Brunsson 1989: 168f.). Die Grundannahme von Brunsson lautet demgegenüber: „Decisions can be described as a kind of talk". Eine gängige These behauptet zwar, was gesagt wird, kann auch ohne weiteres in eine „Action" materialisiert werden und vice versa. Dies ist aber nicht immer möglich, weshalb eine allgemeine Deckung von Entscheidungen und Handlungen kaum erreichbar erscheint.

Alle drei Handlungsmodi gehorchen disparaten Handlungslogiken, was eine Ursache für die Schwierigkeit ist, die tatsächlichen Vorgänge zu kontrollieren. So sind sie oft mehr Rechtfertigung denn Ursprung von „Talk" (Brunsson 1989: 172; 2007a: 10; 2007b: 111f., 114). Vornehmlich wenn Organisationen das Produkt „Talk" ausstoßen, erscheint „Hypocrisy" als probates Mittel, um den heterogenen Normen in ihren Umwelten begegnen zu können (Brunsson 2007b: 113). Darauf begründet sich die Relevanz des einenden, zweckmäßigen Moments von „Hypocrisy": Sie ist ein an Akteure gebundenes Konzept intrasystemischer Inkonsistenz (das Konzept ist sowohl auf Personen als auch Organisationen anwendbar). So werden Unstimmigkeiten in einer Beziehung zwischen Akteuren gewöhnlich als normal eingestuft. Sobald aber der Zusammenhang von „Talk", „Decision" und „Action" bei einem einzelnen Akteur betroffen ist, werden Widersprüche intolerabel. Entsprechende Unstimmigkeiten bezüglich eines Akteurs vermitteln daher eventuell den Eindruck von ‚Heuchelei'.

Brunsson hebt hervor, daß ein Gleiches für Verantwortlichkeit gelte.[7] Diese würde meist durch die Öffentlichkeit mit Entscheidungsgewalt und Kontrollfähigkeit assoziiert. De facto bestehe Verantwortlichkeit jedoch auch ohne jede Verbindung zu Entscheidungen (Brunsson 1989: 167, 172, 192; 2007b: 111ff., 116).

Aus philosophischer Sicht wird Verantwortlichkeit mit einer Wahl aus Alternativen und „willed action" verknüpft. Ausschließlich beim Vorliegen einer intentionalen Selektion entstehe Verantwortlichkeit. Infolge dessen könnten Entscheidungen sowohl Verantwortlichkeit als auch Legitimität beanspruchen (Brunsson 1989: 189). Zudem weise man einem subjektiv perzipierten Ausgangspunkt der „Action" die Verantwortlichkeit zu, unabhängig davon, ob diese Zuweisung tatsächlich belegbar wäre. Vor diesem Hintergrund kann auch die Zuordnung von Verantwortlichkeit durch Außenstehende und Entscheidungsträger divergieren. Sie kann von Letzteren zu deren Vorteil inszeniert oder relativiert werden. Die Entscheidungsträger führen dabei ihre Ideen, Werte, institutionalisierten Mythen ins Feld, die entweder eine Entscheidung forciert haben oder dazu zwangen, Abstand von dieser zu nehmen (Brunsson 1989: 180ff.). Die Mitteilung dieser Abwägungen richtet sich fallweise an die Organisationsmitglieder oder die jeweiligen Umwelten, jedoch ohne den Vorsatz, entscheiden zu wollen. Der Empfänger der Botschaft soll davon überzeugt werden: Was die Organisation anstrebt, sei zu affirmieren. Damit soll eine unterschwellig ablaufende Reaktion angestoßen werden, in der Entscheidung und Ausführung durch die vorab modulierte, latente Indoktrination vorgeprägt sind.

---

7   Zum Begriff der Verantwortlichkeit vgl. Brunsson (1989: 179f.): „Responsibility describes a perceived relation between human beings and actions [...] One of its connotations refers to the attribution of causes. If someone is perceived as the cause of an event, he is regarded as being responsible for it."

Da also „Talk" und „Action" nicht kongruent seien müssen, lenkt ersteres potentielle Kritik von der „Action" ab, indem durch „Talk" die externen Anforderungen gebündelt und gebunden werden. Damit sind „Actions" mitunter von der Befolgung gegenläufiger Ansprüche befreit. „Organized Hypocrisy" profitiert somit von der Distanz zwischen Ankündigung und Umsetzung. Falls Entscheider soweit von den Ausführenden getrennt sind, daß eine unmittelbare Einwirkung undenkbar scheint, wird die wechselseitige Anpassung von „Talk" und „Action" sukzessive fraglich. „Talk" läuft also partiell ohne kausale Hinleitung zu „Actions" ab. Das Tempus expediert „Hypocrisy". Momentane Tätigkeiten können nur einen Ausschnitt des später Erforderlichen saturieren. Mit Zukunftsversprechen in Bezug auf die anschließenden „Actions", die dann die potentiellen Defizite kompensieren, relativiert man die Inkonsistenzen der Gegenwart (Brunsson 1989: 172f.; 2007b: 111).

Herbert Simon (1981: 50) beleuchtete ebenfalls die Vorhersageproblematik dergestalt, daß er feststellte, daß das Management Wert- und Tatsachenurteile auf Grundlage von allgemeinen Zielvorgaben für die Organisation ableiten müsse, die in ihrer Finalität limitiert und somit ,Zwischenziele' seien. Daher wird bereits die kommunikative Auseinandersetzung mit Entscheidungen diffizil.

In ihrer Funktion als Plattform von Entscheidungen kommt den Präferenzen einer Organisation eine exponierte Stellung zu. Größtenteils werden diese als konsistente und langlebige Daten rezipiert. Ein Problem vieler Organisationen scheinen jedoch gerade die wenig präzise Formulierung und Festsetzung dieser Ziele zu sein. Dem Entscheidungsträger bietet sich keine klare Basis, auf der er agieren soll. Den Grund für diese Lage gewahrt James G. March (1990) in der sich wandelnden Umwelt und der kontinuierlich ablaufenden Erfahrungssammlung der Organisation. Zu konkrete Präferenzen stuft er gesamtorganisatorisch als kontraproduktiv ein. Dieses Phänomen greift Niklas Luhmann (1971: 119) als „Zweckprogramme" mit dem Hintergedanken eines konstanten Flexibilitätserfordernisses auf, um Entscheidungsspielräume für die Zielerreichung frei zu halten. March (1990: 14) merkt dabei kritisch an: „Oft scheinen tiefe Unsicherheiten in den Kausalverbindungen zwischen den verschiedenen Aktivitäten einer Organisation, zwischen Problemen und ihren ,Lösungen' sowie zwischen dem, was Manager tun und was sie sagen, zu bestehen."

Für die eigentliche Untersuchung läßt sich festhalten, daß „Talk" ein Ideensystem wiedergibt, eine Art Interaktionsschablone. „Talk" figuriert in ausgewählten Fällen als eine Sonderform von Entscheidungen. Wesentlich ist die Feststellung, daß „Talk", „Decision" und „Action" nicht deckungsgleich sein müssen. Es gibt keine Direktwirkung zwischen den drei Handlungsmodi, weshalb „Organized Hypocrisy" ein wesentliches Absorptionsinstrument eventueller externer Kritik wird. Verantwortlichkeit und daraus entstehende Legitimität werden zu Kenngrößen von „Talk", die die Umwelt für sich einnehmen oder beeinflussen wollen. Sowohl Verantwortlichkeit als auch Legitimität werden als kommunikative Konstrukte eingeordnet, d. h. sie dienen dem Ideensystem der Organisation unter Beachtung externer Werteinstitutionalisierungen. „Talk" gehorcht demnach eigenen Anforderungen. Mit Hilfe von ‚Heuchelei' können die Bedürfnisse der Umwelt integriert werden, wenn man im Nachhinein „Decisions" oder „Action" durch „Talk" kommuniziert. Die Sicherheit der Faktizität wird zur Rechtfertigung herangezogen. Die grundlegenden Präferenzen der Organisation präzisieren sich derweil jenseits von Materialisierungsprozessen, also der „Action". Der Kompromiß aus Umwelteingaben und der Wahrung von Organisationszielen konfiguriert Präferenzen. „Talk" erfaßt nur einen eingeschränkten zeitlichen Horizont. Der zukünftigen Komplexität wird durch Allgemeinheit und den Hinweis auf spätere Konkretisierung begegnet.

3.1.2 „Decision" als Selektion und Selbstfestlegung

In der Einschätzung von Simon (1981: 47) lassen sich Entscheidungen nicht auf die allgemeine Wiedergabe von Organisationszwecken einengen. Sie figurieren als immerwährender Ablauf innerhalb einer Organisation. Führt man sich die vorher geschilderte Kontingenz in Organisationen vor Augen und verquickt Entscheidungen mit Sinn, offenbart sich ein Spektrum von Wahlmöglichkeiten, ohne die Sinn nicht gedacht werden kann.

Dabei muß Kontingenz doppelt lokalisiert werden, sowohl in der Organisation als auch in der Umwelt, inklusive der gegenseitigen Einwirkung gefällter Entscheidungen des einen Systems auf das andere (Luhmann 1975b: 47). Die damit verbundene Selektion bezeichnet Simon als jedes Verhalten, das beabsichtigt oder unbeabsichtigt ablaufen kann. In den meisten Fällen stuft er es als „eingeübte Reflexhandlung" ein. Er konzediert damit, daß Entscheidungen andere Szenarien negieren.

Eine Selektion wird vorgenommen, was von der Warte des Akteurs gesehen Rationalität mit sich bringt, beispielshalber im Hinblick auf die Bemühungen zur Informationsgenese, wenn die effektivste Lösung aus einem breiten Spektrum gewählt wird. March (1990: 4) erkennt sogar den Schwerpunkt in der Informationsverarbeitung, d. h. welche Informationen gesucht und zum Ausgangspunkt der Entscheidung werden. Entscheidungen legt March (1990: 21f.) als intentional aus; daher materialisierten sie sich in den konkreten Verhaltensweisen, v. a. da Organisationen auf Ziele hinarbeiten.

Laut Simon existiert eine Rangfolge im Gefüge der Entscheidungen. Jede Entität reagiert auf die Zielvorgaben der vorgesetzten Stufe, er nennt dies „vertikale Spezialisierung" (Simon 1981: 53). Diese muß mitnichten linear ablaufen. Intraorganisatorisch können stets parallele Zielsetzungen angetroffen werden, die unbewußt in ein funktionales System eingebunden sind. Ein Exempel gewahrt er in den gegensätzlichen Forderungen nach Heilfürsorge, Gewinnmaximierung und Forschung bzw. Lehre in einem Lehrkrankenhaus (Simon 1981: 50). Anschließend befaßt er sich damit, daß alle Entscheidungen einen Mittelweg verkörpern. Jede Wahl einer Möglichkeit basiert auf den situativen Konditionen und wird daher nie optimal ausfallen. Die Umwelt wird zum restringierenden Moment. Aktionäre könnten mehr Effizienz fordern, wohingegen die Studenten auf mehr Investitionen für Lehrmittel beharren. Das Lehrkrankenhaus muß zwischen divergenten, womöglich konträren Zwecken vermitteln und kann dadurch keinen absolut verfolgen. Dies kann zu intensiven Zielkonflikten bis hin zur Aufgabe eines Segmentes führen. Hier kann „Organized Hypocrisy" angewandt werden, um die verschiedenen Standpunkte der Umwelt oder der Organisation selbst, zumindest in einem Abschnitt der betrachteten Trias, zuwege zu bringen (Simon 1981: 51; March 1990: 4; Brunsson 2007b: 113, 116).

Eine substanzielle Strukturprämisse von Entscheidungen liegt in der „bounded rationality" (Simon 1982), da Zeit und Aufmerksamkeit knappe Ressourcen sind. Dieser Umstand verhindert, daß alle Wahrscheinlichkeiten und Konsequenzen zum Zeitpunkt der Auswahl kognitiv präsent sein können. Brunssons Kritik an diesen Überlegungen zu Selektionsstrukturen bezieht sich auf die unterstellte Rationalität und den Willen, mit Hilfe von mehr Informationen zu einer abgewogenen Entscheidung zu gelangen. Oft werde dem Symbolwert der Wahl ein ebenso großer Stellenwert eingeräumt wie dem Ergebnis selbst: „decision processes and decisions both possess an immediate relevance as organizational outputs". (Brunsson 1989: 174, 177) Die Akteure relativieren demnach die Bedeutung der singulären Entscheidung und fokussieren formal geltende Vorschriften,[8] da „eine spezifische organisatorische Entscheidung oft ziemlich bedeutungslos ist" (March 1990: 16). Brunsson bekräftigt dies, da keineswegs viele oder gar mehrere Wahloptionen geprüft würden. Im Extremfall setze man sich mit einem Szenario auseinander und evaluiere dies nach aktuellen Präferenzen, die naturgemäß regelmäßigen Fluktuationen unterliegen würden. Folgen würden nur grob abgewogen, was Fehleinschätzungen erleichtere, und mitunter wichen „Actions" von „Decisions" ab (Brunsson 2007a: 4).

Uwe Schimank konzentriert sich bei Entscheidungen wiederum auf die Managementebene, da „strategische Entscheidungen der Organisationssteuerung" ihr zuzuschreiben seien. Er bezweifelt, daß Vernunft die Triebfeder aller Selektionsvorgänge sei. Die Realität sei zu vielschichtig, um ein vollständiges, konsistentes Lagebild zu entwerfen (Schimank 1994: 248).

Simon ordnet Entscheidungen hingegen in eine Kausalgleichung. Von singulären Entscheidungen ginge ein Impuls aus, der seinen Kulminationspunkt in einer weit darüber hinausreichenden Entscheidungen finde. „Jede Entscheidung beinhaltet die Wahl eines Zieles und eine dafür relevante Verhaltensweise; dieses Ziel kann seinerseits Bindeglied für ein etwas entfernteres Ziel sein und so weiter, bis ein relatives Oberziel erreicht ist. Insofern Entscheidungen zur Auswahl von Oberzielen führen, werden sie ‚Werturteile' genannt; insofern sie die Durchführung solcher Ziele beinhalten, werden sie als ‚Tatsachenurteile' bezeichnet." (Simon 1981: 50)

March erweitert diese Sichtweise, indem er Entscheidungen als Symbiose aus persönlichen Präferenzen und Zweckrationalität nach Abwägung von Wahlalternativen schildert, so daß eine subjektiv „bestmögliche Handlungsalternative" selegiert wird (March 1990: 2).

Dem widerspricht Brunsson, denn Ursachen und Konsequenzen von Entscheidungen müßten nicht konvergieren; oft seien diese durch institutionelle Regeln vorgegeben. Er deutet drei erdenkliche Folgen von Entscheidungen an: *„Action"*, *Verantwortung* und *Legitimation*. Entscheidungen können Taten befördern oder behindern; je nachdem, wie entschieden wurde, steigt bzw. sinkt die Wahrscheinlichkeit der Mobilisierung von Taten. Entscheidungen können, auch wenn sie Nachwirkungen als ihr Resultat beanspruchen, starke Instrumente sein, um Verantwortung zu kreieren. So werden sie u. a. von Entscheidungsträgern mit dem Ziel herangezogen, sich zu profilieren. Sie

---

8 Vgl. Brunsson 1989: 175; March 1990: 15f.

übertragen in diesem Fall den Ausgangspunkt ihrer Legitimität auf Taten, Situationen und Ereignisse. Ebenso können Entscheidungen Legitimation erzeugen, indem sie entgegengesetzte Taten kompensieren (Brunsson 2007b: 115).

Daneben können auch andere Faktoren „Action" veranlassen. Sind sich Entscheidungsträger der möglichen Konsequenzen ihrer Entscheidung bewußt, nutzen sie diese, um gewisse Ergebnisse zu protegieren. Der Effekt wird zum Zweck des Entscheidenden, wächst zur richtungsweisenden Ursache auf und lenkt den Entscheidungsvorgang wirksamer als Rationalität. „Different consequences imply different decision process designs, information usage, costs, and needs for making decisions at all. The degree of rationality in decision processes tends to vary according to the consequences foreseen by the decision-makers" (Brunsson 2007a: 6f.).

Brunsson geht davon aus, daß Entscheidungen im Alltag als synonym zur Wahl angesehen werden, wie die Position Simons untermalt. Jedoch stuft er Entscheidung als Institution ein – ein bekanntes Handlungsmuster mit vorgefertigten Annahmen und Regeln, die als fest wahrgenommen werden. Je detaillierter das Reglement, desto weniger treten Entscheidungen als explizite Wahlvorgänge in Erscheinung (Brunsson 1989: 192; 2007a: 1f., 4).[9] „Decisions" umschreibt er auch als eine Sonderform von „Talk", die einen Handlungswillen und eine vorgängige Abwägung von Wahlmöglichkeiten suggeriert (Brunsson 2007b: 111). Er verwehrt sich nachdrücklich gegen eine verbale Parität von Wahl und Entscheidung: Beides seien relevante Ereignisse, jedoch gesondert zu analysieren. Er bezweifelt ferner, daß die Ursachen und Folgen von „Decisions" immer mit einer Wahl aus „Actions" belegt werden könnten. Es müsse nicht einmal eine Verbindung zwischen „Decision" und „Action" vorzufinden sein. Danach käme es zu Entscheidungen ohne Taten und umgekehrt (Brunsson 1989: 178, 188; 2007a: 5).

Ursächlich hierfür sei die Problematik der Implementierung. Vielfach könnten Entscheidungsträger die Realisierung ihrer Entscheidungen nicht gewährleisten, was ihre und die Legitimität der Organisation unterminiere. Als Ausweg firmiert die Einordnung von Entscheidungen als organisationaler Output. Dabei ziele man auf die Integration äußerer Normen ab und generiere Legitimität respektive Beistand (Brunsson 1989: 188; 2007b: 114). Da eine

---

9   Vgl. Brunsson (2007a: 1f): „Decision processes are social phenomena, and as such they
    need to be investigated in their own right, without prejudice-without the preconception
    that they are always and merely processes of choice."

klare, öffentliche Wahrnehmung von Entscheidungen darüber richtet, wem Verantwortlichkeit zugewiesen wird, nutzen Organisationen hierfür geschaffene Mittlermedien, z. B. Publikationen. Diese stimmen freilich nicht jederzeit mit den höchst anspruchsvollen Prozeduren, die im Kontext der Auswahl ablaufen, überein. Daher suchen Entscheidungsträger ihre Verantwortlichkeit zu mindern, indem sie sich intransparenter Abläufe, Verweise auf Sachzwänge oder eines herrschenden Mehrheitsdrucks bedienen. Die eigentliche Entscheidung kann mitunter nicht zugeordnet werden, z. B. wenn eine Befassung mit Alternativen ohne klare „Decision" in „Actions" überführt wird (Brunsson 1989: 182f., 189).

Im Zusammenhang mit allgemeinen Prozeduren in einer Organisation konstatiert Simon, daß diese die Wahlmöglichkeiten der Mitglieder durch Regeln einhegen würde. Dabei gewahrt er drei Dimensionen: erstens die Zuweisung einer Stelle, d. h. einen Tätigkeitshorizont, zweitens die Einordnung in der Hierarchie, das bedeutet die relationale Vergabe von Entscheidungskompetenz, und drittens die Definition von übrigen Entscheidungsschranken (Simon 1981: 53).

Aus seinen Überlegungen ergeben sich drei Ursachen für vertikale Spezialisierung: die *Notwendigkeit von Koordination, Fachkenntnis* und *Verantwortung*. Mit Koordination spielt Simon auf das Erfordernis der gemeinsamen Entscheidungsanwendung an: Die Gruppe muß anhand einer a priori fixierten, kommunikativ geteilten und einheitlichen Auswahl vorgehen. Der Verweis auf Fachkenntnis betont die Sinnhaftigkeit, Entscheidungen, die einer Expertise bedürfen, von eben dafür spezialisierten Kräften ausüben zu lassen. Verantwortung zielt schließlich auf die organisationsintern geltenden Vorschriften ab, deren Achtung durch übergeordnete Stellen in der Systemhierarchie unter Rücksichtnahme auf die Rahmenbedingungen auf dem jeweiligen Organisationslevel überwacht werde (Simon 1981: 54f.).

Simon bezieht sich anschließend auf das sogenannte „Effizienzkriterium", d. h. die prozedurale Voraussetzung, so kostengünstig, zeitnah und direkt wie möglich das Organisationsziel zu erreichen. Obwohl es die Ziele selbst nicht tangiert, entfaltet dieses Kriterium enorme Wirkmacht auf Entscheidungen. Die post festum erfolgende Evaluation der Einhaltung dieser Maßgabe firmiert als einer der bedeutendsten organisatorischen Kontrollmechanismen (Simon 1981: 58).

Luhmann geht in seiner Theorie wiederum von „selbstselektiver Strukturbildung" aus.[10] Handlungen fußen für ihn nicht allein auf Entscheidungen, sondern mit diesen Auswahlprozessen (Entscheidungen) wird nachträglich Kontingenz verringert. Damit werden Alternativen vor ihrer eigentlichen Betrachtung durch zurückliegende Entscheidungen getilgt oder in ihrer Eintrittswahrscheinlichkeit verstärkt (Luhmann 1975b: 46). Hierbei reißt er eine eventuelle Inkorrektheit an, wenn Regeln zu Routinen verkümmern und die einst erdachte Ratio hinter diesen zum Automatismus degeneriert. Ein Attribut von Organisationen sind auch Spezialisierung und die damit avisierten Effektivitätssteigerungen. Was geschieht jedoch, wenn sich Individuen bewußt auf eingeübte Prozeduren beschränken, die Sicherheit garantieren, aber Umwelteinflüsse und Fortschritt negieren (einer der nachhaltigsten Kritikpunkte von Weber)?[11]

Brunsson erkennt bei der Implementierung von Entscheidungen die Fehlannahme, daß sie direkt mit Tätigkeiten auf Übereinstimmung verglichen werden könnten. Jedoch seien die aufwendigsten und verflochtensten Entscheidungsprozesse in Organisationen diejenigen, die eine Stufe unterhalb von „Actions" endeten, wie Beschlüsse über Policies oder Prinzipien. Die Umsetzung kranke zudem an der Asymmetrie zwischen der Einfachheit von Entscheidungen und der Komplexität von Ausführungen.

Daneben spiele Zeit eine große Rolle. Die meisten Modelle organisationaler Kontrolle skizzierten langsame Entscheidungsträger und schnelle Ausführende. Entscheidungen müßten sodann Bestand haben, bis sie ausgeführt würden. Dabei thematisiert er die Problematik sich derart schnell wandelnder Entscheidungen, daß die „Actions" nicht mehr Schritt halten könnten. Zusätzlich bestehe ein Kontrollproblem, nämlich das Eintreffen von Entscheidungen zu garantieren. Soll dies sichergestellt werden, muß mit den zukünftig Ausführenden auf Grund des Informationsvorsprunges kooperiert werden, was deren Gewicht bei der Entscheidung beträchtlich erhöhen kann. Abschließend weist er auf die negative Ausstrahlung von Verantwortlichkeit auf den Wahlvorgang hin, da mit ihm stets Konsequenzen verbunden seien. Die Position des verantwortlichen Entscheidungsträgers schränke den Einfluß auf die Entscheidung eher ein, als ihn zu steigern (Brunsson 2007a: 8f.).

---

10 Vgl. Luhmann (1975a: 12): „Jede Kommunikation führt, da sie einen Prozeß wechselseitiger Kommunikation in Gang setzt, zwangsläufig zum Aufbau von Strukturen, die dann ihrerseits als Bedingung der Möglichkeit weiterer Kommunikation fungieren."
11 Vgl. Luhmann 1971: 114.

Bezüglich der späteren Analyse muß festgehalten werden, daß „Decisions" einen omnipräsenten Faktor darstellen. Sie finden hinsichtlich des eigenen Systems wie in Bezug auf die Umwelt statt und beeinflussen sich dort jeweils wechselseitig, d. h. sie beantworten Kontingenz. Die angetroffene Selektion erfolgt oft als zweckrationaler Reflex aus wenigen, situativ präskribierten Alternativen, wobei schon die ausschlaggebenden Informationsbestände als Wahl datieren.

„Bounded rationality" gerät damit zu einer wesentlichen Prämisse für Entscheidungsträger. Daraus folgt, daß Entscheidungen ein ausdrücklicher Symbolwert beigemessen werden muß. Sie orientieren sich an institutionalisierten Handlungsmustern und können unter dem Eindruck von „bounded rationality" keine substanziellen Selektionsprozeduren betreiben. Die Intention besteht darin, für den Außenstehenden ein Bild der Entscheidungsabläufe zu konstruieren, was mit den landläufigen Ansichten über rationale Entscheidungsfindung konvergiert.

Einmal getroffene „Decisions" zeitigen zudem Auswirkungen auf die Alternativen für anschließende „Decisions". Wenn Kontingenz einmal reduziert wurde, tangiert dies auch zukünftige Kontingenzsituationen. Dieses Phänomen bezeichnet Luhmann als ‚selbstselektive Strukturbildung'. Die Institutionalisierungen innerhalb einer Organisation werden stückweise konsolidiert, wobei „Decisions" als die beschriebene Spielart von „Talk" vorgängige Wahlprozesse suggerieren.

„Decision" und „Action" müssen hier strikt auseinandergehalten werden, ebenso wie Ursachen und Folgen von Entscheidungen. Eine merkliche Schwierigkeit besteht in der Umsetzung von „Decisions". In Folge dessen werden Entscheidungen selbst zum Output, welcher Verantwortung akquirieren oder negieren möchte. Entscheidungen federn in dieser Lesart Taten ab und bedienen sich der ‚Heuchelei', um der Segmentierung aller drei Handlungsmodi adäquat zu begegnen. Effizienz rückt dadurch in den Fokus: Man richtet „Decisions" an einem antizipierten Outcome aus.

Bei programmatischen Entscheidungen scheitert das Kriterium, Taten als Folgen registrieren zu wollen. Taten sind mitunter sehr schnelllebig, verfügen über eine bedeutend geringere zeitliche Persistenz, als es für den Entscheider notwendig wäre, um jedes Handeln vorab zu entscheiden. Zudem steht der Entscheider in Abhängigkeit von den Informationen der Ausführenden, was eine signifikante Asymmetrie zwischen den als verantwortlich Eingestuften und deren faktischem Einfluß verdeutlicht.

3.1.3 „Action" als Ausführung und materialisierende Maßnahme

Brunsson (1989: 168) stellt emphatisch auf die Handhabung materieller Prozesse als Spezifikum von „Action" ab. In diesem Ausführungssystem stimmen Organisationsmitglieder ihre individuellen Handlungen ab, um gemeinsam zu operieren bzw. ein Produkt herzustellen, sei es ein Gut oder eine Dienstleistung. Daher sei es eine Kernaufgabe von Entscheidungen, kollektive Handlungen hervorzubringen.

Entscheidungen wenden sich expressis verbis an die für die konkrete Situation vermuteten Handlungsträger. Deren Kollaboration nimmt für die Zielerreichung der Organisation eine elementare Rolle ein. Entscheidungen figurieren demgemäß als Ausdruck der Zustimmung und als Instrument der Motivation (Brunsson 1989: 178). Die These Brunssons dazu lautet, Entscheidungsträger, die sich rational verhalten, treffen eine vorteilhafte Wahl, sehen sich aber mit Problemen bei deren Umsetzung konfrontiert.

Organisationale „Actions" zu mobilisieren, wird bei systematisch irrationalen Entscheidungen einfacher. Das Verhältnis von „Decision" und „Action" hänge von der Tendenz ab, inwieweit Sicherheit oder Unsicherheit hervorgerufen werde. Als Grundsatz gilt: Es werden Tätigkeiten vorgenommen, die weder durch Entscheidungen noch mittels „Talk" veranlaßt wurden und diesen teils entgegenlaufen können (Brunsson 2007b: 112). Auch Meyer/Rowan (1977: 343) spüren eine Lücke zwischen den gefällten Entscheidungen und deren Umsetzung auf, wenn sie schreiben: „decisions are often unimplemented, or if implemented have uncertain consequences".

Die institutionalisierte Zielsetzung, die durch Entscheidungen bewirkt werden soll, ist dementsprechend, Sicherheit zu schaffen, die Zukunft zu bestimmen und die Organisation zu stabilisieren. Weil Entscheidungen als wählbar verortet werden, produzieren sie gegebenenfalls Unsicherheit, denn man hätte anders wählen können. Rationales Vorgehen kann, in Anbetracht der im Vorhergehenden transportierten Zweifel an diesem Konzept, Unsicherheiten in der jeweiligen Situation verstärken. Eine Alternative ist es, eine Logik der Regelbefolgung zu installieren. Diese Regeln würden aus der organisationellen Ideologie erwachsen, d. h. aus gemeinsam geteilten Ideen über die Lage der Organisation und sich daraus erschließenden adäquaten Verhaltensweisen. Nimmt dies in der Organisation einen großen Stellenwert ein, könnten bis zu einem gewissen Grad die „Actions" vorgezeichnet sein. Sind die „Actions" vorab fixiert, können „Decisions" andere Ziele verfolgen. Diese Vermutung korrespondiert mit vorhergehenden Studien zum sozialen Umfeld von Organisationen.

So trügen institutionelle Settings, die eindeutige, weit verbreitete Ideen und Regeln repräsentierten, zur Kooperation der Umwelt bei. Denn namentlich individuelle Rationalität könne dem Gemeinwohl widerstreben und so konzertiertes Vorgehen behindern. Wenn „Actions" von weitreichender Bedeutung und stark ideologiezentriert sind, wird Rationalität weniger sinnhaft, weil es sich um komplexe, koordinierte Tätigkeiten mit unsicheren Langzeitfolgen handelt. Zielführender sei Rationalität bei kleinen Entscheidungen mit kurzfristigen Effekten. Handlungsweisend wird daher die „action rationality" (Brunsson 1989: 179; 2007a: 7f.; 2007b: 114).[12]

Der Verantwortungseffekt von Entscheidungen kann wiederum genutzt werden, um Legitimität für eine „Action" zu beschaffen (Brunsson 1989: 167). So wird Legitimität für Entscheidungsträger und eine soziale Situation erzeugt, selbst wenn keine Materialisierung stattfindet oder praktische Vorteile bestehen. Legitimität kann sogar mit Hilfe von Entscheidungen erreicht werden, die im Kontrast zu „Action" stehen. „Hypocrisy" ist dabei die Reaktion auf eine komplexe Welt, in der bestimmte Anforderungen durch „Talk" oder „Decisions" befriedigt werden, andere durch „Actions". Je klarer sich eine Entscheidung präsentiert, desto unwahrscheinlicher ist ihre Umsetzung. Die Wahrscheinlichkeit des Eintretens einer „Action" dagegen steigt, wenn die Entscheidung im Gegensatz zu ihr steht. Will man ein Verhalten mobilisieren oder wählen, kann vorher eine Entscheidung angesiedelt sein; will man Verantwortung oder Legitimität evozieren, ist dies nicht notwendig. Hier scheint es fruchtbarer zu sein, erst zu handeln und dann zu entscheiden, wenn keine Kontingenz bezüglich der Nachwirkungen mehr besteht. Dieser Eindruck fußt auf der Wahrnehmung von Entscheidungen als Wahl. Da nur Entscheidungen Gewicht zugebilligt wird, sind diese relevant, einerlei, ob sie realisiert werden oder nicht. Dies geht mit der Einschätzung klassischer Entscheidungstheorien einher, daß getroffene Entscheidungen die Einführung von so determinierten „Actions" vorantreiben.

---

12 Vgl. Brunsson (2007a: 8): „proves to be a combination of rule-following and systematic irrationality, and a more relevant term might be 'action intelligence'".

Die Anwendung von „Organized Hypocrisy" scheitert dort, wo sie erkannt wird. Darum streben Entscheidungsträger danach, am Paradigma von Entscheidungen und deren Einfluß festzuhalten. Sie wollen weiterhin als verantwortlich rezipiert werden oder sich das Mittel der ‚Heuchelei' nutzbar machen (Brunsson 1989: 176; 2007a: 9f.). Verantwortlichkeit fungiert als Mittler zwischen Entscheidungsträgern und Aktionen. Legitimität wird zuerkannt, da vorab Entscheidungen getroffen und Verantwortlichkeit übernommen wurden. Entscheider, die persönlich oder durch ihre Rolle einen hohen Grad an Legitimität inkorporieren, können diese auf ihre Handlungen projizieren. Als pars pro toto schirmen die obersten Stellen die nachrangigen Organisationsebenen gegen externe Kritik ab, was bei langfristigen Tätigkeiten, die nicht einfach revidiert werden können, wesentlich ist.

Es wird möglich, Handeln ohne Entscheidungsprozesse stattfinden zu lassen, wenn die hierarchische Koordination als legitim eingestuft wird. Entscheidungen verleihen Vorgängen einen gewissen Sinngehalt – nicht die Natur oder Zufälle sind handlungsleitend. Unter Heranziehung von Verantwortlichkeit versuchen Organisationen mitunter sogar ihre Verbindung zur Außenwelt gezielt zu beeinflussen, um von positiven Effekten zu profitieren. Die wohlwollende Rezeption einer Tatsache soll auf die Organisation übertragen werden. Analog nutzen Organisationen ihre Legitimation, um genuin negativ behaftete Felder aufzuwerten (Brunsson 1989: 186ff., 192).

Simon siedelt die Umsetzung der Entscheidungen, also die Materialisierung, auf der untersten (operativen) Ebene der Organisationshierarchie an. Den übergeordneten Instanzen komme dennoch eine wichtige Funktion zu. Mittels ihrer Entscheidungen würden sie den operativen Segmenten vorschreiben, auf welchem Weg die Organisationsziele effektiv zu erreichen seien. Die Akzeptanz dieser vertikalen Steuerung basiert auf der Konzentration von Verantwortlichkeit bei den jeweils übergeordneten Stellen: „decisions produce responsibility". Indem die Administration aus Szenarien wählt, personalisiert sie diese und bindet sie an sich. Folglich geht die Verantwortlichkeit auf sie über, wobei der Grad der Verantwortlichkeit mit steigender Zahl an Entscheidern sinkt und anders herum (Brunsson 1989: 181ff.).

Ist der Erfolg eines Wahlvorganges unsicher, wird Verantwortlichkeit zu einer negativen Begleiterscheinung, die als unverhältnismäßig zum Einfluß rezipiert werden kann. Der Wille zu entscheiden schrumpft, je höher und exponierter das Individuum in der Organisationshierarchie operiert – denn desto extensiver werden seine Entscheidungen betrachtet und bewertet. Diese Beobachtung weiche derweil von der Realität von Entscheidungsprozessen ab. Die signifikanten Weichenstellungen, die Vorauswahl oder Gestaltung der Agenda geschehen durch Experten oder subordinierte Gremien. Die „Decision" wird von der Wahl getrennt. Trotz allem beharren Entscheidungsträger auf ihrer Einflußnahme, denn nur wer Deutungsmacht besitzt, kann verantwortlich sein.

Dieses Paradox gründet sich auf der Notwendigkeit, Entscheidungen zuzuordnen. Organisationen müssen über Stellen verfügen, die entscheiden, um andere zu entlasten (Brunsson 1989: 184ff.). Je größer die Körperschaften werden, desto mehr Zwischenstationen entstehen, die jeweils von der superioren Stelle gelenkt werden und Informationen weitergeben. So selektiert bzw. modifiziert jeder Teil der Kommunikationskette die Ausgangsinformation in der Art, daß die inferioren Empfänger die für sie bedeutsamen Inhalte erfahren (Simon 1981: 47f.).

Die bestmögliche Materialisierung der Weisungen solle über ‚Beeinflussung' erfolgen, analog zu Brunssons Eingangshinweis auf die Notwendigkeit von Motivation und Zustimmung der Handlungsträger. Nicht die bloße Autorität könne dies gewährleisten; es gebe eine breite Klaviatur an Mitteln, um „auf die Entscheidungen der ausführenden Mitarbeiter" einzuwirken (Simon 1981: 48). Bemerkenswert ist ferner, daß Simon den operativen Arbeitern nicht nur Entscheidungen attestiert, sondern deren Qualität und Konsequenzen als Analysemoment zur Beurteilung der gesamten Organisationsstruktur zugrundelegt, und das, obwohl er zu Beginn Entscheidungen bei der oberen Führung die Arbeiter betreffend extrapolierte.

Luhmann wies auf den negativ konnotierten Terminus der Routine hin, der im Wesentlichen auf der ‚Handlungswiederholung' durch eine Person aufbaue. Interessant wird dieser Parameter, wenn man mit ihm einen möglichen Selektionsprozeß substituiert. Die routiniert handelnde Person würde auf einen Reiz mit tradierten Reaktionen antworten, ohne abwägend zu entscheiden (Luhmann 1971: 115). Er konstatiert, daß diese Automatismen mit Hilfe von Zweckprogrammen in Organisationen relativiert werden sollten. Hier würde die Zielerreichung vordergründig durch situatives Entscheiden gewährleistet. Dennoch müßten nicht alle Programme mit Zwecken verquickt werden; so repräsentiert die Führerscheinprüfung eine Routine in einem Zweckprogramm (Luhmann 1971: 121). Freilich wird es in produzierenden Organisationen eher zu Routinen kommen als in der Administration bzw. Verwaltung.

Die Repetition bei Letzteren knüpft an interpretative Sachverhalte an, was sie um ein Vielfaches komplexer gestaltet als die regelmäßige Durchführung einer physischen Abfolge. Somit schlägt Luhmann die Formulierung „Entscheidungsprogramme" vor, um ein breites Repertoire an empirischen Befunden zu erfassen. Sie sollen insbesondere der kommunikativen Dimension von so induzierten Entscheidungen gerecht werden, was bei Organisationen der Fall ist, die von Einflüssen der Außenwelt relativ autonom sind (Luhmann 1971: 116f.).

In Hinblick auf die eigentliche Untersuchung fällt auf, daß primär materielle Vorgänge als Charakteristikum von „Action" gelten. Diese sind vermehrt auf der ausführenden Ebene in Organisationen angesiedelt. Entscheidungen sollen demnach kollektive Handlungen bei den operativen Kräften, den avisierten Umsetzern hervorrufen. Deren Zustimmung und Motivation sind Ziel und mitunter Stellgröße bei Entscheidungen. Dieser letztgenannte Aspekt basiert auf der Fähigkeit von Organisationen, die in ihrer Struktur verwurzelt ist, über gezielte Informationsplacierung direkten Einfluß auf den Wissensbestand der Entscheidungsträger entfalten zu können, der als Ausgangspunkt ihrer Entscheidungen fungiert.

Unter bestimmten Umständen befördern besonders irrationale Entscheidungen auch die Durchführung von „Actions". Da Sicherheit zum maßgeblichen Kennzeichen von Taten gerät, schließen sich „Decisions" oft an „Actions" an, wenn keine Kontingenz mehr bleibt. Eine weitere Möglichkeit ist, daß Entscheider „Actions" Legitimität verleihen. Hier wird eben nicht der Prozeß oder das Outcome bei der Bewertung durch andere Systeme in der Systemumwelt zu Grunde gelegt. Folglich kommt es zu „Action" ohne „Talk" oder „Decision".

Eine Herausforderung liegt außerdem darin, daß einzelpersonelle Rationalität durch ihre subjektive Wahl verhältnismäßig unsicher ausfällt und u. U. dem Gemeinwohl entgegenlaufen kann. Wird also das Sicherheitsmoment verletzt, werden „Actions" wahrscheinlicher, die die Entscheidungen in ihrer Ausführung kontrastieren. Somit können widerstrebende Positionen zumindest auf einer Ebene befriedigt werden.

In diesem Kontext bieten sich Institutionalisierungen als Alternative zu individuellen Entscheidungen an. Entweder spiegeln diese „Decisions" die Legitimität von Personen oder ideenbasierten Regeln wider, d. h., man kann sinnvolles Handeln gewährleisten, ohne Entscheidungen inklusive ihrer Unzulänglichkeiten und Kontingenz voranstellen zu müssen. Oder das Entscheiden selbst kann eine „Action" darstellen, wie u. a. bei einer vertikalen Top Down-Struktur der Policybestimmung deutlich wird.

Diese Überlegungen werden jetzt auf den Gegenstand „Integration deutscher Soldaten mit Migrationshintergrund in der Bundeswehr" angewandt.

4 Die Ergebnisse der eigentlichen Untersuchung

Das Themenfeld „Migration, Integration und Militär" umfaßt hinsichtlich seiner praktischen Handhabung und Ausgestaltung so viele Facetten und Aspekte, daß es fast unmöglich scheint, sie alle in angemessenem Umfang zu betrachten. Dies gilt auch für jenen Teilbereich, der sich mit Migration und Integration in der Bundeswehr beschäftigt. Insofern kann trotz des verfolgten Anspruchs, einen theoretisch wie empirisch fundierten Beitrag zu leisten, bloß ein Ausschnitt dessen erfaßt und erörtert werden, was diese Thematik in der Praxis der Bundeswehr bedeutet.

Die unterschiedlichen Perspektiven und Bereiche, die mit Bezug auf die Integrationsproblematik für die Untersuchung ausgewählt wurden, wurden gesichtet, analysiert und im Rahmen der Organisationssoziologie von Nils Brunsson bewertet. Im Ergebnis liegt sowohl für die bundeswehrinterne Handhabung als auch für die mediale und politische Behandlung dieses Phänomens ein durchaus aussagekräftiges Gesamtbild vor.

Die Darstellung der Untersuchungsergebnisse beginnt mit der Auswertung der Printmedien zum Thema „Integration von Soldaten mit Migrationshintergrund in der Bundeswehr".

4.1 Die Presseauswertung der Printmedien

In diesem Abschnitt findet eine strukturierte Analyse von ausgewählten Presseerzeugnissen statt. In einem ersten Schritt wird das methodische Vorgehen erläutert, anschließend geht es um die Darstellung der empirischen Befunde. Sodann werden die unterschiedlichen Ergebnisse ausgewertet.

4.1.1 Das methodische Vorgehen

Für die Auswahl geeigneter Presseberichte zum Thema „Integration von Soldaten mit Migrationshintergrund" wurde zuerst eine Auswahl relevanter Suchbegriffe erstellt. Diese Suchbegriffe waren „Assimilation", „Ausgrenzung", „Ausländer", „Diskriminierung", „Diversität", „Fremdenfeindlichkeit", „Gleichstellung", „Harmonie", „Integration"/„integrativ", „Islam", „Kommunitarismus", „Migration", „Miteinander", „Nachwuchs/-gewinnung", „kulturelle Sensibilität", „Multikulturalität"/„multikulturell", „Pluralismus", „Religion", „Toleranz"/„tolerant",

„Vielfalt"/„vielfältig" und „Volksdeutscher"/„deutsch". Dabei lieferten die Termini „Kommunitarismus", „Kulturelle Sensibilität" und „Volksdeutscher"/„deutsch" bei der Recherche keine brauchbaren Ergebnisse.

Kurz eine Erläuterung zu den verwendeten Recherchekriterien. Die Begriffe „Ausländer" und „Migranten" beschrieben das Subjekt der Untersuchung; „Integration" und „Migration" stellten demgegenüber den Rahmen der Untersuchung dar. „Diversität", „Gleichstellung", „Kulturelle Sensibilität", „Miteinander", „Multikulturalität", „Pluralismus", „Toleranz" und „Vielfalt" charakterisierten normative Orientierungen, die in Bezug auf eine gelungene Integration von Ausländern besonders oft genannt und als wichtig erachtet wurden. „Nachwuchsgewinnung" ist für die Bundeswehr ein zentrales Schlagwort, da sie eine wichtige Rolle bei der Rekrutierung von geeignetem und ausreichendem Personal spielt. Besonders durch die Aussetzung der allgemeinen Wehrpflicht hat diese an Bedeutung gewonnen. Die Begriffe „Assimilation", „Ausgrenzung", „Diskriminierung" und „Fremdenfeindlichkeit" standen für mögliche Konfliktlinien bei der Integration von Soldaten mit Migrationshintergrund in den Streitkräften (wie auch in der Gesellschaft allgemein). Die Begriffe „Islam" und „Religion" wurden zudem aufgenommen, da sie eine besondere Stellung im Diskurs über kulturelle Diversität und Konfliktlinien kultureller Integration einnehmen. Gesucht wurden Artikel in überregionalen Zeitungen und Zeitschriften im Zeitraum 2006 bis 2011.[13]

Im Folgenden wird ein kurzer Überblick über die Quantität der ausgewerteten Artikel sowie den Zeitraum der Publikationen in Zusammenhang mit bestimmten, für die Bundeswehr und die Integrationsthematik wichtigen Ereignissen gegeben. Darauf folgend werden die Analysekategorien, in denen die ausgewerteten Artikel zusammengefaßt und kategorisiert wurden, erläutert, um in einem weiteren Schritt die relevanten Artikel und ihre Kernaussagen in Bezug auf die zu untersuchende Thematik auszuwerten.

4.1.2 Anzahl und Häufigkeiten

Die Anzahl der Artikel nahm mit der Diskussion über die Einsatzfähigkeit der Bundeswehr in Auslandseinsätzen, den Sparplänen, die im Juni 2010 verkün-

---

13 Nachdem die Suchbegriffe festgelegt worden waren, besorgte die Presseabteilung des Bundesministeriums der Verteidigung sämtliche Artikel, in denen diese Begriffe mit Bezug auf die Bundeswehr vorkamen, und stellte diese dann in digitalisierter Form zur Verfügung.

det wurden, den Reformplänen des damaligen Verteidigungsministers Karl-Theodor zu Guttenberg, im August 2010 bekannt gegeben, und den Ergebnissen der Weise-Strukturkommission, die im Oktober 2010 vorgestellt wurden und eine Aussetzung der Wehrpflicht empfahlen, seit Mai 2010 erheblich zu (Abb. 1).

Abbildung 1: Zahl der Artikel zur Integrationsproblematik bei der Bundeswehr im Jahre 2010

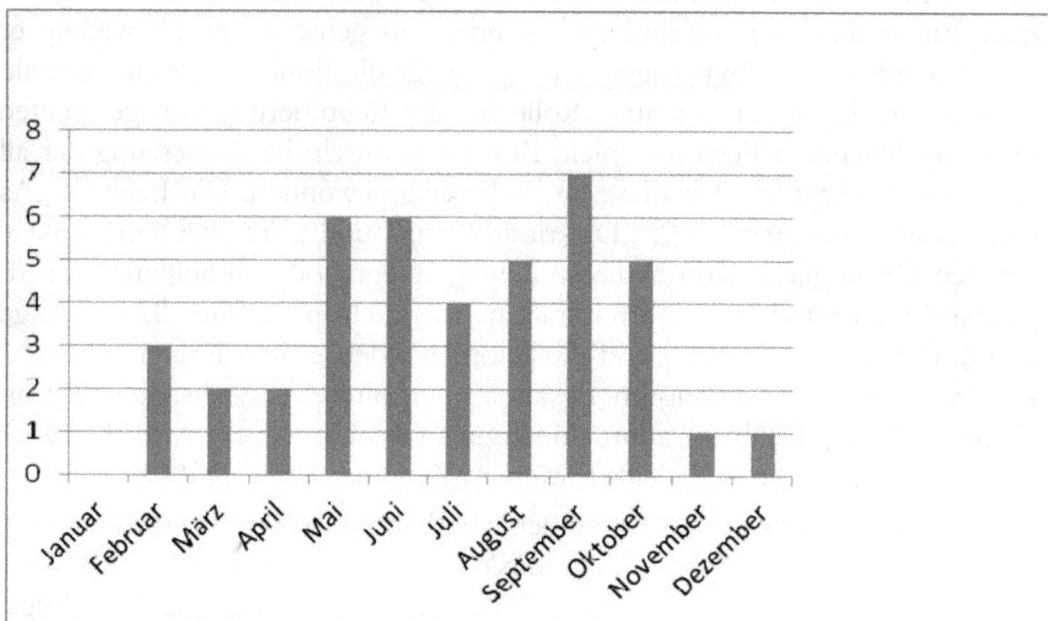

Mit der Entscheidung des Bundesrates im April 2011, zum 1. Juli 2011 die Wehrpflicht vorübergehend ruhen zu lassen, nahm die Zahl der Artikel, die sich mit der Reform der Bundeswehr, der Rekrutierung von Freiwilligen und der zunehmenden Integration von Soldaten mit Migrationshintergrund in der Bundeswehr auseinandersetzten, im Mai und Juli 2011 ebenfalls zu (Abb. 2). Dabei beschäftigten sich von den 79 ausgewerteten Artikeln 43 mit dem Thema „Integration", sechs mit der Europäischen Integration der Streitkräfte. Acht Artikel thematisierten die Integration von Frauen, 14 die Integration von Migranten und sechs die gesellschaftliche Integration und sechs Artikel die Integration im allgemeinen gesellschaftlichen Kontext, unabhängig von der Bundeswehr. 30 Artikel befaßten sich mit der Bundeswehrreform.

Abbildung 2: **Zahl der Artikel zu den Themen Bundeswehr-Reform und Migranten im Jahre 2011**

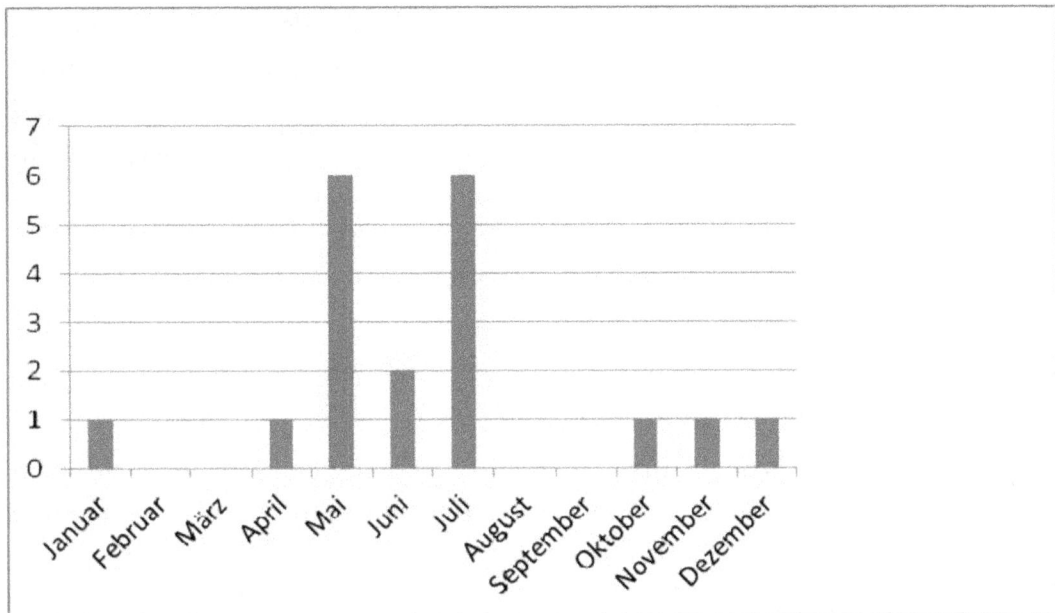

4.1.3 Analysekategorien

Bei der Auswertung der ausgewählten Artikel ließen sich in Bezug auf das Thema „Integration von Soldaten mit Migrationshintergrund in der Bundeswehr" vier inhaltliche Schwerpunkte in der Berichterstattung erkennen. Ein erster inhaltlicher Fokus lag auf der selbst gegebenen Rolle der Bundeswehr als Vorbild für Integration. Die Bundeswehr wurde als eine Institution dargestellt, die aufgrund ihrer besonderen organisationalen Strukturiertheit Integration erfolgreich bewältige und ihre ganz eigene Art und Weise besäße, mit der gesellschaftlichen Herausforderung „Migration und Integration" umzugehen. Der zweite inhaltliche Schwerpunkt lag in der diagnostizierten Notwendigkeit, zunehmend Deutsche mit Migrationshintergrund für die Streitkräfte anzuwerben und das damit verbundene Erfordernis, in der Bundeswehr Strukturen zu schaffen, die Integration bewältigen helfen. Der dritte Angelpunkt, unter dem das Thema „Deutsche Soldaten mit Migrationshintergrund" in der Presse aufgegriffen wurde, hatte die Relevanz der interkulturellen Kompetenz für Auslandseinsätze zum Gegenstand sowie die Frage, inwieweit Deutsche mit Migrationshintergrund in der Bundeswehr gebraucht oder notwendig seien, um bestimmte interkulturelle Kompetenzen zu fördern, die bei der Reform der Streitkräfte hin zu einer „Armee im Einsatz" eine Effektivitätssteigerung mit Bezug auf aktuelle und kommende Herausforderungen als notwendig kommunizieren. Das vierte Themenfeld wurde bei möglichen Konfliktlinien gesehen, die sich bei der Integration von Menschen aus anderen Kulturkreisen ergeben könnten.

Dabei waren die analysierten Artikel nicht völlig trennscharf einzelnen Analysekategorien zuzuordnen, weil sie meistens in mehreren auftraten, die inhaltlichen Schwerpunkte demnach nicht einseitig zu klassifizieren waren und sich die einzelnen Bereiche überschnitten.

4.1.4 Die Bundeswehr als Vorbild für die Integration von Deutschen mit Migrationshintergrund

In verschiedenen Artikeln präsentierte sich die Bundeswehr als Vorbild für die Integration von Deutschen mit Migrationshintergrund und sah sich in der Lage, einen positiven Anstoß für die gesamtgesellschaftliche Integration von Migranten zu geben. So sei auf eine Äußerung des damaligen Wehrbeauftragten Hellmuth Königshaus verwiesen, wonach der Dienst bei der Bundeswehr als Chance für die Integration und langfristige Beschäftigung gesehen werden könne, die in mehreren Artikeln aufgegriffen wurde (o. V. 2011a; Afp/dpa 2011). Königshaus wurde sogar dahingehend zitiert, daß die Bundeswehr als Vorreiter für andere Arbeitgeber gesehen werden könne (Afp 2011). Es wurde ein Potential erkannt, daß junge Deutsche mit Migrationshintergrund, die schlechte Chancen auf dem deutschen Arbeitsmarkt hätten, durch die Bundeswehr eine Fachausbildung erhalten würden, die sie beruflich fördere und in die Gesellschaft einbinde (o. V. 2010b).

Die Bundeswehr wurde auch als „Integrationsmotor" (Rollmann 2010) und „Integrationsinstanz" (Marguier 2011) bezeichnet. Ferner habe sie dazugelernt und zunehmend Ausbilder eingestellt, die kulturelle Sensibilitäten vermitteln könnten (Rollmann 2010). Weiter stellte sie ihre Anstrengungen für eine gelungene Integration von Deutschen mit Migrationshintergrund und die Beseitigung bestimmter Konfliktlinien heraus, die aus einer kulturellen Diversität resultierten. Die Bundeswehr begründete ihre Erfolge damit, daß sie besondere Strukturen besitze, die Integration erleichtern würden. Sie wurde außerdem als ein Ort skizziert, an dem die Integration von Deutschen mit Migrationshintergrund gefordert und gefördert werde (Sorge 2010). Dies wurde vor allem damit begründet, daß religiöse bzw. kulturelle Aspekte durch die Uniformität, die charakteristisch für die Bundeswehr oder das Militär im allgemeinen sei, in den Hintergrund treten würden. Hinzu trat der Hinweis, die Bundeswehr betreibe eine Art Entpersonalisierung, eine strikte Reduktion des Individuums auf seine Rolle als Soldat. Hierzu ein Zitat des Oberfeldwebels Rabih Boulos: „An welchen Gott unterm Helm geglaubt wird, ist Privatsache" (Michel 2006). Und mit Bezug auf den Wehrdienst wurde der niedersächsische Justizminister und Gründungsmitglied des Bundeswehrverbandes, Hans-Dieter Schwind, zitiert: „außerhalb des Wehrdienstes [gibt es] kaum mehr Gelegenheiten, bei denen junge Menschen Verhaltensweisen und Ansichten anderer sozialer Schichten kennenlernen" (o. V. 2010b). Auch im *Handelsblatt* wurde die gesellschaftliche Integration durch den Militärdienst herausgestellt (Hanke 2009).

Zudem stand die Bundeswehr unter einem besonderen Druck, integrationsförderliche Strukturen zu schaffen. Ein Artikel warf die These auf, daß die Bundeswehr als Freiwilligenarmee das Potential habe, die Gesellschaft in ihrer Vielfalt besser abzubilden, da der Übergang zur Freiwilligenarmee in den europäischen Nachbarländern auch mit einer Anstrengung zur stärkeren Differenzierung einhergegangen sei. Dies ergäbe sich aus dem Zwang, den Pool der potentiellen Rekruten zu erweitern. Zudem wurde ein normativer Wandlungsprozeß beschrieben, der darauf abziele, die Streitkräfte in stärkerem Maße nach dem Bild der Zivilgesellschaft zu formen und der Truppe damit eine höhere Akzeptanz in der Gesellschaft zu verschaffen (Dier 2010). Dies sei verbunden mit dem Ziel, die Bundeswehr als Teil der Bevölkerung zu erhalten und einen „Staat im Staate" zu verhindern (Marguier 2011).

Die Bundeswehr müsse, um dies zu erreichen, der zunehmenden religiösen und kulturellen Vielfalt in der Truppe Rechnung tragen. Nach einer Diagnose des *Rheinischen Merkurs* hatte die Bundeswehr dazugelernt und – wie schon erwähnt – vermehrt Ausbilder eingestellt, die kulturelle Unterschiede vermitteln sollten (Rollmann 2010). Die Vermittlung interkultureller Kompetenzen diene dabei der Integration deutscher Soldaten mit Migrationshintergrund, dem Abbau von Vorurteilen und dem Vermeiden von Mißverständnissen in Auslandseinsätzen (o. V. 2010a). Im Ausblick auf eine weiterführende Entwicklung der Thematik in der Bundeswehr wurde Dr. Maren Tomforde, Dozentin am Fachbereich Sozialwissenschaften an der Führungsakademie der Bundeswehr, in der *Frankfurter Allgemeinen Zeitung* zitiert, der zufolge Interkulturelle Kompetenz „eine Schlüsselqualifikation für die Streit-kräfte des einundzwanzigsten Jahrhunderts" sei (Croitoru 2010).

4.1.5 Nachwuchsgewinnung

In der Presse wurde zudem diagnostiziert, daß die Bundeswehr unter dem Druck der ausgesetzten Wehrpflicht Deutsche mit Migrationshintergrund als potentielle Freiwillige entdeckt habe. So beschrieb die *Frankfurter Rundschau* das vermehrte Werben um Deutsche mit Migrationshintergrund als eine Re-aktion auf die schwache Resonanz auf die Werbekampagne für den freiwilli-gen Wehrdienst (Afp/dpa 2011). Die Plausibilität dieses Ansatzes bestätigte der *Spiegel*, der berichtete, daß der Vorschlag, mehr Deutsche mit Migrations-hintergrund anzusprechen, im Jahr 2010 die Karriere-Hotline der Bundes-wehr zusammenbrechen ließ (Buse 2011). Seit der Reform des Einbürge-rungsgesetzes sollten sich mehr Muslime für den deutschen Paß und den Mili-tärdienst entscheiden (Sorge 2010). Die Notwendigkeit, Deutsche mit Migra-tionshintergrund anzuwerben, um den Personalbedarf zu decken, wurde zu-dem vom Wehrbeauftragten Königshaus bestätigt (o. V. 2011c).

4.1.6 Interkulturelle Kompetenzen für Auslandseinsätze

Die Bundeswehr habe ferner erkannt, daß Deutsche mit Migrationshin-tergrund, die in der Bundeswehr Dienst tun, mit Bezug auf Auslandseinsätze in fremden Kulturen nützlich sein können, und daß dieses Potential weiter ausgebaut werden solle. Um dieses Potential anzuzapfen, wurde am Zentrum Innere Führung in Koblenz Mitte Mai 2010 ein erster Lehrgang „Interkultu-reller Umgang" gestartet. Dieser hatte das Ziel, der zunehmenden kulturellen und religiösen Vielfalt in der Truppe und der immer größer werdenden Zu-sammenarbeit mit Verbündeten Rechnung zu tragen (o. V. 2010b). Die Bun-deswehr müsse auf die Gewohnheiten und spezifischen Normen der jeweili-gen Kulturen in den Einsatzländern Rücksicht nehmen, um das Vertrauen der Bevölkerung zu gewinnen, um in Zusammenarbeit mit der Bevölkerung Insti-tutionen zu etablieren und Demokratie aufbauen zu können (Croitoru 2010). Der Mehrwert für Deutsche mit Migrationshintergrund in Auslandseinsätzen wurde anhand einer Äußerung des 26-jährigen Oberfeldwebels Rabih Boulos deutlich, der sich in Afghanistan aufgrund des „gemeinsame[n] Band[es] des muslimischen Glaubens" weniger fremd fühlte (Michel 2006).

4.1.7 Berichte über Probleme bei der Integration von Deutschen mit Migrationshintergrund in der Bundeswehr

Eine besondere Problematik bei der Rekrutierung von Deutschen mit Migrationshintergrund für die Bundeswehr lag nach einem Bericht der *Süddeutschen Zeitung* in der sprachlichen Untauglichkeit vieler Bewerber. Deutsch-türkische Doppelstaatler wurden auffällig seltener zum Wehrdienst einberufen, da viele Deutsch-Türken bei den Sprachtests so schlecht abschnitten, daß sie dauerhaft zurückgestellt wurden. Zu dieser Diagnose wurde Bernd Siebert, Verteidigungsexperte der Unionsfraktion, zitiert: „Wenn es an der Sprache liegt, muß die Bundeswehr jedoch etwas unternehmen, etwa Crashkurse in Deutsch anbieten." Sie müsse in den Kasernen ein Stück weit Integration nachholen (Preuß 2009). Nach einem Bericht der *Zeit* lägen die Probleme der Rekrutierung teilweise auch in den Strukturen der Bundeswehr, die eine solche Nachwuchsgewinnung erschweren würden bzw. dafür noch nicht angepaßt genug seien. So wurde diagnostiziert, daß gezielte Rekrutierungsstrategien bislang fehlten. Deutschland und seine Streitkräfte täten sich demnach schwer mit der Identität als Einwanderungsland.

Ein weiteres Beispiel für diese mangelhaften Strukturen war die fehlende Möglichkeit, EU-Bürger oder Nicht-Deutsche zu gewinnen. Die Bundeswehr nutze die Fähigkeiten von Migranten wie die von Frauen in Auslandseinsätzen noch zu wenig, und es fehle an gezielten Rekrutierungsstrategien (Dier 2010).

Einige Artikel thematisierten die Probleme mit der kulturellen Prägung von Deutschen mit Migrationshintergrund. Hier ging es im Besonderen um den Konflikt der islamisch geprägten Kultur mit der deutschen, freiheitlich demokratischen Grundordnung. So wurde der damalige Verteidigungsminister zu Guttenberg in der *Rheinische Post* zitiert, wo er anmahnte, daß die Deutschen ihre eigene Kultur nicht vergessen dürften, und konkret auf die Bundeswehr bezogen, daß der Islam nicht zur Bundeswehr gehöre, die Streitkräfte aber „das Grundgesetz und damit die Religionsfreiheit" achten müßten (Bröcker et al. 2010).

In diesem Kontext wurde in der Presse ein Fall aufgegriffen, in dem ein muslimischer Zeitsoldat und Stabsunteroffizier entlassen wurde, weil er die religiös geprägte Rechtsordnung des Islam (Scharia) als die bessere Staatsform bezeichnet hatte. Diese Entscheidung wurde von einem Verwaltungsgericht als rechtmäßig erachtet. Die Begründung des Gerichts lautete, daß der entlassene Soldat nicht die erforderliche charakterliche Eignung für den Dienst an der Waffe aufweise, da er die freiheitlich demokratische Grundordnung des Grundgesetzes nicht anerkenne und nicht für sie eintrete. Dem Einwand des Stabsunteroffiziers, er habe immer erklärt, die Bundesrepublik mit seinem Leben verteidigen zu wollen, gleichwohl sei die Scharia die bessere Staatsform, ohne dies aber propagiert zu haben, widersprach das Verwaltungsgericht mit dem Argument, daß die Worte des Mannes nicht als bloße Meinungsäußerung gewertet werden könnten, da er sich dieser Auffassung entsprechend auch im Dienstbetrieb verhalten habe (o. V. 2011b).

Zudem wurde über Probleme im Truppenalltag berichtet. Rund 1500 muslimische Soldaten dienten 2011. Zugleich wurde festgehalten, daß die Bundeswehr ein Ort sei, an dem die Integration deutscher Staatsbürger muslimischen Glaubens gefordert und gefördert werde. Damals gab es aber noch keine muslimische Militärseelsorge. Inwieweit ein Muslim seinen Glauben leben könne – sich für einen Urlaub an islamischen Feiertagen oder Essen ohne Schweinefleisch zu entscheiden –, obliege dem Disziplinarvorgesetzten. Markus Beck, Sprecher der Division Luftbewegliche Operationen, meinte hierzu: „Aber wenn jemand fünfmal am Tag beten soll, ist das schwierig mit den Dienstplänen übereinzubringen" (Sorge 2010). Zudem stießen deutsche Soldaten mit Migrationshintergrund auch unter ihren Kameraden teilweise auf Ablehnung. So schilderte der Gefreite Grigori Bruder, daß er so behandelt wurde, als würde er nicht dazugehören (o. V. 2010b). Oberstleutnant Uwe Ulrich sprach hingegen von den „üblichen Hänseleien, die jeder Soldat hier und da zu erleiden habe" (Rollmann 2010).

Als mögliche Lösungsstrategien für eine verbesserte Integration von Soldaten mit Migrationshintergrund wurden in den analysierten Presseartikeln mehrere Optionen vorgestellt und diskutiert. So wurde der Vorschlag des Verteidigungsexperten der Unionsfraktion im Bundestag, Bernd Siebert, zitiert, der – wie schon erwähnt – Crashkurse in Deutsch in der Bundeswehr vorschlug, um dem Problem mangelnder Sprachkenntnisse zu begegnen (Preuß 2009).

4.1.8 „Talk", „Decision", „Action": eine theoretische Bewertung

Nachdem die verschiedenen Schwerpunkte bei der medialen Behandlung des Themas „Integration von Soldaten mit Migrationshintergrund in der Bundeswehr" dargestellt wurden, geht es nun um die Anwendung der Unterscheidung „Talk", „Decision" und „Action" auf die Ergebnisse der Printmedienanalyse, um mit Bezug auf die vorher definierten theoretischen Grundlagen die drei Handlungsmodi zu identifizieren.

4.1.9.1 Presse und „Talk"

„Talk", verstanden als innerorganisatorische Wechselwirkung wie mit der Umwelt, wurde in den Artikeln hauptsächlich in Bezug auf Pressestellen, den Wehrbeauftragten, Militärseelsorger und bestimmte Dienststellen wie die Führungsakademie oder das Zentrum Innere Führung gefunden. Das Zentrum Innere Führung als ‚Think Tank' der Bundeswehr wurde als maßgeblich für die innerorganisatorische Kommunikation bezüglich Soldaten mit Migrationshintergrund und für die Ausbildung interkultureller Kompetenzen herausgestellt. Hingegen wurde „Talk", charakterisiert als die bewußte Selbstdarstellung der Organisation gegenüber ihren Umwelten, in den untersuchten Artikeln oftmals von Personen wie dem Wehrbeauftragten und Militärseelsorgern vorgenommen, die zwar mit der Organisation ‚Bundeswehr' verbunden, aber nicht deren Mitglieder sind. So wurde gerade durch den Wehrbeauftragten die Bundeswehr als ein besonderes Vorbild für gelungene Integration dargestellt. Überdies wurden durch „Talk" Entscheidungen präsentiert und legitimiert, mit dem Ziel, die positive Konnotation für die Organisation und ihre Entscheidungsträger zu nutzen. In den untersuchten Artikeln geschah dies zum einen durch die Vorstellung des ersten Lehrganges „Interkultureller Umgang", der Mitte Mai 2010 am Zentrum Innere Führung in Koblenz durchgeführt wurde. Dieser hatte nach Darstellung der Bundeswehr das Ziel, der zunehmenden kulturellen und religiösen Vielfalt in der Truppe und der immer größer werdenden Zusammenarbeit mit Verbündeten Rechnung zu tragen (o. V. 2010b). Ferner wurde die Kommunikation über besonders integrationsfördernde und vorbildliche Strukturen als ein Mittel der Selbstdarstellung der Organisation gesehen, um ihre Legitimation zu erhöhen. Die Erhöhung dieser Legitimation war verbunden mit einem Mehr an Ressourcen, die die Organisation von außen erhalte. Im Falle der Bundeswehr war es das Ziel, wie in der *Zeit* beschrieben, sie als einen Teil der Zivilgesellschaft zu erhalten und den Pool der potentiellen Rekruten zu erweitern (Dier 2010).

4.1.9.2 Presse und „Decision"

Eine „Decision" in Organisationen läßt sich durch ihre Aktenkundigkeit nachweisen. Diese Aktenkundigkeit ist bei der Bundeswehr etwa durch Dienstvorschriften gegeben. Die maßgebliche und in der Presse häufig wiedergegebene Vorschrift ist die *ZDv 1/10 (Innere Führung)*. In ihr wird der Terminus „Interkulturelle Kompetenz" erläutert. In der Berichterstattung wurde nun kritisiert, daß unklar bliebe, inwieweit sich hieraus „Action" generiere, also eine konkrete Aktion materialisiere oder nur ‚Heuchelei' bleibe (Croitoru 2010).

Durch die Einstellung von Ausbildern, die kulturelle Sensibilitäten vermitteln und als Multiplikatoren dienen sollten, wurden Entscheidungen erkennbar, die Verantwortlichkeiten generieren sollten. Die in der Presse dargestellten Bemühungen der Bundeswehr, Deutsche mit Migrationshintergrund anzuwerben, Soldaten in interkultureller Kompetenz zu schulen und die Bundeswehr als einen Ort gelungener Integration darzustellen, könnten so gewertet werden, daß damit ein Zwischenziel der Organisation hin zu einem durch die Anforderungen der Auslandseinsätze postulierten Strategiewechsels erreicht werde. Der Versuch, bestimmte Entscheidungen, die sich aus gegebenen Notwendigkeiten auf der ausführenden Ebene ergeben hatten, nachträglich als Ergebnis normativ geprägter Programmatik der Organisation zu präsentieren, baute eine „Fassade des situativen Operierens" auf. „Decision" wurden somit zu einem Teil von „Talk" deklariert.

4.1.9.3 Presse und „Action"

Die Einführung und Durchführung des Lehrgangs „Interkultureller Umgang" stellte einen materiellen Prozeß dar, der in der Realität unmittelbar erfahrbar wurde und durch seine Aktenkundigkeit nachweisbar war. In „Actions" manifestiert sich die Distanz zwischen Ideen und Umsetzung. Die Diskrepanz zwischen der normativen Vorgabe verbesserter Integration und interkultureller Kompetenz durch Institutionen wurde in mehreren Artikeln deutlich, die sich mit dem Zentrum Innere Führung und den fehlenden Strukturen zur Rekrutierung von Deutschen mit Migrationshintergrund sowie den Normen abweichenden Verhaltens von Soldaten im Truppenalltag beschäftigten. Auch vage Formulierungen und fehlende konkrete Handlungsanweisungen in den Vorschriften trügen dazu bei, daß den ausführenden Instanzen nicht klar sei, wie die Umsetzung normativer Vorgaben in konkrete Handlungen vollzogen werden solle. Dies korrelierte mit der Erkenntnis, daß „Action" vermehrt auf der ausführenden Ebene formaler Organisationen angesiedelt sei. Konkrete Handlungen ergäben sich eher aus der kontinuierlich ablaufenden Erfahrungssammlung der Organisation. Probleme im Truppenalltag erzwängen

Handlungen, um dessen weiteren Ablauf reibungslos zu gewährleisten. Diese Handlungen wurden erst im Nachhinein durch Entscheidungen legitimiert.

Die als integrationsfördernd dargestellten Strukturen könnten nach Auswertung der Artikel als ‚Mitnahmeeffekte' charakterisiert werden. Die militärischen Strukturen, die Uniformität und die Reduktion des Individuums auf seine Rolle als Soldat, durch die seine Individualität und sein Migrationshintergrund in den Hintergrund rückten, seien keine Bundeswehr spezifischen Maßnahmen. Somit stellten die integrationsfördernden Strukturen keine Leistung der Bundeswehr dar, obwohl sie als Leistung der Bundeswehr nach außen dargestellt wurden. Die zunehmende Orientierung der Bundeswehr auf Deutsche mit Migrationshintergrund und die Bestrebungen, sich als besonders integrationsfördernd darzustellen, könnten als eine Reaktion auf die Reformen und die mangelnde Anzahl potentieller Freiwilliger aufgrund der Aussetzung der Wehrpflicht interpretiert werden. Diese Strategie habe das Ziel, die Legitimität der Organisation und damit ihre Aussichten auf Fortbestand zu erhöhen.

4.2 Die politischen Parteien zur Integrationsproblematik der Bundeswehr

Da politische Parteien maßgeblichen Einfluß auf die Ausgestaltung und Orientierung der Streitkräfte zeitigen, bot es sich an zu evaluieren, inwiefern diese sich zur Frage der Integration von Soldaten mit Migrationshintergrund in der Bundeswehr positionierten. Die Bilanz dieser Analyse vermittelt einen Überblick über ein breites soziales Spektrum, da Parteien in ihrer Funktion als Vertreter des Volkes zentrale gesellschaftliche Stimmungsverläufe inkorporieren. Damit gewähren deren Stellungnahmen, aber auch ihr Nicht-Kommunizieren, neben dem Einblick in ihre Programmatik einen Eindruck der durch die Wähler herangetragenen Bedürfnisse und Präferenzen in diesem Gebiet.

Die Ausarbeitung fußte auf persönlichen Stellungnahmen verschiedener Bundestagsabgeordneter bzw. Ressortverantwortlicher für Migrations- bzw. Sicherheitspolitik. Ferner wurden Themenpapiere der einzelnen Parteien und deren Internetauftritte respektive allgemein zugängliche Informationsbestände aus dem Internet herangezogen. Im Zuge der Auskunftsersuchen an die fünf großen deutschen Parteien, die im Bundestag vertreten sind, kam es zu ersten Verwunderungen, als weder DIE-LINKE. noch das BÜNDNIS 90/DIE GRÜNEN auf eine Emailanfrage reagierten. Ebenso sparte deren Internetpräsenz die behandelte Thematik vollständig aus. Die auf den ersten Blick logisch scheinenden Anlaufstellen, die sicherheitspolitischen Sprecher, wollten sich mitunter nicht konkret äußern. Sie verwiesen auf allgemeine Parteiprogramme oder andere Ressorts, wie Integration oder innergesellschaftlicher Dialog. Dementsprechend wurden Quellen herangezogen, die nicht im eigentlichen Sinne mit der Bundeswehr oder der Migrationsproblematik in den Streitkräften befaßt waren. Die Gründe für den Rückgriff auf diese Daten lagen also darin, daß einerseits keine Partei explizit auf das analysierte Problemfeld einging, während beispielshalber die Gleichberechtigung von Frauen ausdrücklich und sehr intensiv von CDU/CSU, FDP und SPD erörtert wurde. Andererseits lag es gemäß Brunsson nahe, nach deduktiven Daten zu suchen. Insbesondere bei einem Thema, das in der breiten Öffentlichkeit noch kein vergleichbares Interesse wecken konnte, wie es etwa die Gleichberechtigung von Frauen in den Streitkräften erfährt. So bot es sich an, die angrenzenden Politikfelder nach gewinnversprechenden Anhaltspunkten zu durchsuchen, welche jedoch zumeist allgemein gehalten waren.

Als Erwiderung auf die erste Kontaktaufnahme mit den Parteizentralen von CDU/CSU, FDP und SPD verwies man an die verteidigungspolitischen Sprecher der Bundestagsfraktionen.[14] Ferner empfahl die SPD die Sichtung der Internetseite ihrer Arbeitsgruppe „Verteidigung", auf der sich das „Positionspapier der SPD-Bundestagsfraktion zur Zukunft von Wehr- und Zivildienst" befand (SPD 2010: 1). Analog machte die FDP auf ihr Positionspapier „Bundeswehr der Zukunft." aufmerksam. Zudem könne die Rede des SPD Parteivorsitzenden Sigmar Gabriel, welche er am 12. Juli 2011 an der Helmut-Schmidt-Universität der Bundeswehr in Hamburg gehalten hatte, mögliche Erkenntnisse zu Tage fördern. Dies bewahrheitete sich leider nicht, da – wie im Verlauf des Lehrforschungsprojektes des Öfteren klar wurde – „Integration" ein sehr breites Feld bezeichnet. So beschränkte sich der Redner in diesem Exempel auf die Europäische Union und damit verknüpfte Potentiale.

Die Untersuchung konzentrierte sich in im Abschnitt „Politische Parteien" nur auf „Talk". Der Grund hierfür lag darin, daß es sich bei den Aus-

---

14 So schrieb Jan Eichstedt von der FDP: „In Ihrem Schreiben wanden Sie sich an die Bundesgeschäftsstelle der FDP mit der Bitte um Unterstützung eines Lehrforschungsprojekts zum Thema Integration in der Bundeswehr. Die Kollegen baten uns um Unterstützung, da Fr. Hoff MdB als sicherheitspolitische Sprecherin und Obfrau im Verteidigungsausschuß alle Fragen zum Thema Bundeswehr bearbeitet." (Auszug aus der Email von Jan Eichstedt, Büroleiter von Elke Hoff, vom 16. Dezember 2011).

sagen der Parteiangehörigen und den persönlich recherchierten Positionspapieren der einzelnen Parteien nach Brunsson um Mittlermedien handelte. Diese waren bestrebt, das Ideensystem der jeweiligen Partei gegenüber der Umwelt mit dem Ziel verständlich zu machen, die größtmögliche Zustimmung zu akquirieren.

Rainer Arnold und Elke Hoff, die sicherheitspolitischen Sprecher von SPD und FDP, beantworteten die Anfrage sehr entgegenkommend, was mit der vorhergehenden Einschätzung korrespondierte, daß hier ein Vehikel gesehen wurde, den eigenen Standpunkt effektiv zu transportieren, um Verantwortlichkeit und Legitimität zu signalisieren.[15] Dabei wurde aus den Formulierungen ersichtlich, daß Kommunikation bei der Aufrechterhaltung von Legitimität einen vitalen Beitrag leisten sollte. Man richtete sich bewußt an einen bekannten Empfänger, der vom eigenen Ideensystem überzeugt und im besten Fall für die eigenen Ziele gewonnen werden sollte. Unter Beachtung der Tatsache, daß sich das Lehrforschungsprojekt mit einer eindeutigen Frage auseinandersetzte, versuchte die angesprochene Partei den Eindruck zu erwecken, man beschäftige sich seit langem ausgiebig mit dieser.

In der Einschätzung der Parteien kristallisierte sich durch das Auskunftsersuchen eine institutionalisierte Norm heraus. Offensichtlich traf man auf der Agenda der Systemumwelt den Punkt „Menschen mit Migrationshintergrund in der Bundeswehr" an, der im Anschluß als bereits reflektiert dokumentiert werden mußte. Das Ansinnen der Parteien war es offenbar, legitim zu erscheinen, und das, obwohl sich keine greifbaren Hinweise auf eine Positionierung der Parteien erkennen ließen. Daher sann man durch „Talk" darauf, den Adressaten für sich zu gewinnen, und bediente sich dabei der ‚Heuchelei', wenn u. a. sehr allgemein argumentiert wurde oder verhältnismäßig offene Formulierungen gewählt wurden. So war u. a. zu lesen: „Die SPD sieht seit langem das Thema Integration als gesamtgesellschaftliche Aufgabe

---

15 So schrieb Herr Arnold von der SPD: „Vielen Dank für Ihr Interesse an dem Thema Integrationspolitik von SPD-Bundestagsfraktion und SPD. Wir werden Ihr Projekt ‚Integration in der Bundeswehr' als Arbeitsgruppe Sicherheits- und Verteidigungspolitik gerne unterstützen." (Auszug aus der Email von Rainer Arnold vom 11. Januar 2012) Und Herr Menzer von der CDU schrieb: „Zudem bitte ich Sie, Kontakt mit der Arbeitsgruppe Verteidigung der CDU/CSU-Bundestagsfraktion aufzunehmen: Insbesondere empfiehlt es sich, Herrn Ernst-Reinhard Beck, verteidigungspolitischer Sprecher der CDU/CSU-Bundestagsfraktion anzusprechen." (Auszug aus der Email von Jan Menzer vom 9. Dezember 2011).

an, die alle Bereiche des Lebens umfaßt. Die SPD-Bundestagsfraktion hat bereits vor langer Zeit eine Arbeitsgruppe Migration und Integration eingerichtet".[16] Das Zitat signalisierte der Umwelt, ihre Eingaben würden integriert; im selben Moment aber existierten nur rudimentäre Grundsatzpapiere, und das in primär punktueller Form, sprich: weder dezidiert für eine Vielzahl gesellschaftlicher Herausforderungen[17] noch als deduktive, allgemeine Handlungsvorgabe ausformuliert.

'Heuchelei' oder 'Scheinheiligkeit' in Kombination mit der temporalen Restriktion sind wohl die maßgeblichen Kriterien für die Bevorzugung von „Talk". Einerseits mußte man sich bezüglich dieses Themas eine Kontur geben. Andererseits wußte man nicht um die zukünftige Einstellung der Bürger, die finanziellen Konditionen der Bundeswehr, des Migrationssektors und die Organisationsziele. Daher trug man ein möglichst allumfassendes Aufgabendispositiv nach außen, das jedoch so beliebig ausfiel, daß es an jede mögliche Zukunft adaptiert werden konnte und trotzdem die Partei als verantwortlichen Akteur präsentierte. Die Replik der FDP veranschaulichte nachdrücklich das Gefilde der Ideensysteme, insofern prospektiv Szenarien umrissen wurden und gleichermaßen das Merkmal zum Ausdruck kam, daß „Talk" eine Sonderform von „Decision" beschreibt.

Wie angedeutet, mußte die Recherche auf nebenliegende Ressorts ausweichen. So kam die FDP zumindest in einem assoziierten Zweig auf die Frage zurück und stellte fest: „Für die Integration ist es wichtig, daß entsprechend der regionalen Anforderungen auch im öffentlichen Dienst, in Kitas und Schulen, Migranten bzw. Personen mit interkultureller Kompetenz tätig sind. Diese Vorbilder prägen gerade Kinder und Jugendliche positiv. Eine starre Quote oder weitere Bevorzugungen sind jedoch abzulehnen, da diese die gebotene Chancengleichheit aushebeln und sogar kontraproduktiv wirken

---

16   Email von Rainer Arnold von der SPD vom 11. Januar 2012.

17   So schrieb Herr Eichstedt für die FDP: „Im Grundsatzprogramm der FDP nimmt das Thema Integration ebenfalls einen breiten Raum ein. Speziell zum Thema Integration von Mitbürgerinnen und Mitbürgern mit Migrationshintergrund in der Bundeswehr gibt es keine eigene Arbeitsgruppe." Und Herr Arnold von der SPD schrieb hierzu: „Allerdings muß ich Ihnen leider mitteilen, daß es zum gewünschten Thema kein Positionspapier der SPD und auch keine dezidierte Position gibt. Vielmehr ist für uns selbstverständlich, daß in der Bundeswehr auch Soldatinnen und Soldaten mit Migrationshintergrund ihren Dienst versehen."

48

könnten. Vielmehr muß gezielt fachlich geeignetes Personal mit Migrationshintergrund für den öffentlichen Dienst gewonnen werden." (FDP 2010b: 3)

Mit der, wenn auch nur vagen Eingrenzung der eigenen Position entfalteten sich Entscheidungen, die sich jedoch nicht als „Decisions" in der Lesart des Dreiklanges von Brunsson eingruppieren ließen. „Talk" verfolgte hier den Anspruch, Verantwortlichkeit und Legitimität zu effizieren, da augenscheinlich aus einem für die Umwelt breiten Fundus an Alternativen selektiert wurde. De facto wurde freilich nicht entschieden, wenn keine Konsequenzen erkennbar waren und in erster Linie die Präferenzen der Organisation handlungsleitend wurden. Hier wurde eher ‚geheuchelt‘, die Bedürfnisse der Umwelt zu berücksichtigen. Im Moment einer Mitteilung beschrieb die suggerierte Einstellung der Organisation die funktionalste Konstellation von „Talk", sprich des dargebotenen Ideensystems, gegenüber der Umwelt.[18]

Des Weiteren wurde bei der SPD auf das Nachbarressort „Integration" und dort zuerst auf eine aktuell konzeptualisierte Kampagne abgestellt: „Für Ihre Recherche verweise ich darüber hinaus auf die Homepage der SPD Bundestagsfraktion […] insbesondere auf das vor gut einem Jahr ins Leben gerufene Projekt Integration. Diese Projektarbeitsgruppe ist gebildet worden, um zentrale Modernisierungsfragen im Austausch mit gesellschaftlichen Gruppen zu entwickeln."[19] In diesem Zitat spiegelte sich die Notwendigkeit wider, pauschal zu bleiben; im unteren Teil ergänzte die SPD dies um den Verweis auf eine noch folgende Konkretisierung. Die Zukunft diente als Puffer und Referenz. Man vermied ad hoc eine Antwort oder überstürzte die Reaktion, ohne die Ergebnisse der Projektgruppe zu berücksichtigen. Denn erst wenn eine gewisse Substanz vorlag, die in der Lesart von „Talk" Legitimität hervorrufen könnte, schien es für die Partei ratsam, sich zu äußern.

Vergleichbar verhielt sich die FDP, wobei sie Faktizität im Nachhinein mit „Talk" rechtfertigte. Sie behalf sich mittels ‚Heuchelei‘, als sie unbestreitbare Tatsachen, nämlich die Existenz von Soldaten mit Migrationshintergrund in der Bundeswehr, damit beantwortete, daß dies ‚selbstverständlich‘ sei.

---

18 So schrieb Herr Eichstedt für die FDP: „Des Weiteren sehen wir vor dem Hintergrund der komplexer werdenden Einsätze der Bundeswehr im Ausland eine interkulturelle Kompetenz als eine der Schlüsselqualifikationen. Diese bringen jungen Frauen und Männer mit Migrationshintergrund per se in die Bundeswehr mit ein. Somit sind sie eine Bereicherung für unsere Streitkräfte."

19 Email von Rainer Arnold von der SPD.

Wie Brunsson festhält, müssen „Actions" nicht durch „Talk" oder „Decisions" angestoßen sein. Angetroffene Phänomene können im Nachhinein durch die Organisation mit „Talk" legitimiert werden, und zwar mit dem Ansinnen, sie für die eigenen Belange einzusetzen. Das untermauert Brunssons These, daß die Präferenzen einer Organisation nicht in deren Aktionen anzutreffen sein müssen. Denn insbesondere die bedeutsamen Motive figurieren als Symbiose aus Umwelteinfluß und internen Zielen.[20]

Im Kontrast zu deutschen Soldaten mit Migrationshintergrund spielten Frauen eine prominente Rolle in den Überlegungen der Parteien. Dabei konnte mit Hilfe von Brunsson beleuchtet werden, worauf dieser Umstand zurückzuführen war. Frauen in der Bundeswehr waren jahrelang, außer im Sanitätsdienst, keine Option für mehrheitsfähige parteipolitische Konzepte. Aber wie Brunsson es mit der Metapher der Interaktionsschablone verbildlicht, zwang die Entscheidung des EuGH hinsichtlich der Klage von Tanja Kreil im Jahre 2000 die Parteien, umzudenken. Wieder konfrontierte die Umwelt die Organisation ‚Bundeswehr' mit einer Variable, die zur Reform führte – ein Phänomen, das sich in äquivalenter Form ansatzweise noch bei der Integration von Soldaten mit Migrationshintergrund in die Streitkräfte duplizierte. Wie die Ausführungen der *Bundeswehr aktuell* belegen werden, reagierte die Bundeswehr bloß auf faktische Tatbestände und gestaltete sie nicht oder stieß sie an.

Die Parteien mußten daher ihr Ideenraster, zumindest deklaratorisch, modifizieren, was evident machte: Nicht Taten drückten die klaren Präferenzen der Bundeswehr aus, denn dann hätten sie versuchen müssen, am Ausschluß der Frauen von Tätigkeiten an der Waffe festzuhalten. Statt dessen lag ihr elementarstes Ziel in der Sicherung ihres Fortbestandes. Beim Komplex „Frauen in der Bundeswehr" sahen sich die Parteien mit der Umwelteingabe durch die Judikative in Verbindung mit veränderten Ambitionen signifikanter Gesellschaftsschichten konfrontiert. Woraufhin sich die Policy-Präferenzen neu konstituierten.[21] So hieß es bei der CDU/CSU: „Frauen sind

---

20   So schrieb Herr Eichstedt für die FDP: „Vielmehr ist für uns selbstverständlich, daß in der Bundeswehr auch Soldatinnen und Soldaten mit Migrationshintergrund ihren Dienst versehen. Dies ist auch derzeit schon der Fall, sei es, daß die jungen Frauen und Männer als Kinder von Spätaussiedlern oder als Kinder von europäischen Gastarbeitern über einen direkten oder indirekten Migrationshintergrund verfügen."

21   Vgl. SPD (2010: 6): „Um junge Männer und Frauen für einen freiwilligen Dienst an der Gemeinschaft, bei der Bundeswehr […] zu gewinnen, muß die Bundesregierung attraktive Anreize setzen". Und bei der FDP (2010a: 27) heißt es: „Gerade die gelungene In-

für die Bundeswehr ein wichtiger Bestandteil der Nachwuchsgewinnung geworden und damit zugleich ein unverzichtbarer Bestandteil innerhalb der Streitkräfte geworden. Frauen sind heute aus der Truppe nicht mehr wegzudenken." (CDU/CSU 2011: 9)

Die noch immer evidente Kluft hinsichtlich der Prominenz der Integrationsfrage von Frauen und Menschen mit Migrationshintergrund in den Streitkräften bei den Parteien gründete sich – zugespitzt formuliert – auf der heterogenen Positionierung der Umwelten. Frauen hatten und haben eine signifikante Lobby, die für ihre Gleichberechtigung, auch bei den Streitkräften, eintritt; Menschen mit Migrationshintergrund nicht. Außerdem zeigten sich letztere eher zögerlich gegenüber diesem Aspekt, wie die Interviewanalyse entfaltete, und sie favorisierten einen natürlichen, nicht administrierten quantitativen Aufwuchs, um keine Ressentiments zu schüren bzw. hervorzurufen.

Mithilfe der theoretischen Kategorien von Brunsson konnte expliziert werden, daß sich Parteien zum Thema „Integration von Soldaten mit Migrationshintergrund in der Bundeswehr" durchaus äußerten, wenn auch implizit oder auf persönlicher Basis. Jedoch firmierten die vorliegenden Zitate bzw. Positionierungen als reine Zweckrationalität und Reaktion. Ferner einte alle Parteien, die sich auf die Untersuchung eingelassen hatten, die Tendenz, sich so unspezifisch und inklusiv wie irgend möglich zu artikulieren. „Integration" wurde daher nicht aktiv beschleunigt oder programmatisch vertieft. Selbst benachbarte Ressorts standen noch am Anfang ihrer Arbeit und fokussierten kaum die Bundeswehr als Tätigkeitsfeld. Wie im Theoriekapitel illustriert, befanden sich die Parteien und ihre Umwelten in einem Interdependenzverhältnis, welches beide Seiten zu Anpassungen bewegte. Solange also die Parteien nicht den Input erfuhren, das Thema intensiver zu behandeln, wandelte sich die Sachlage nicht oder nur mittels externer Zäsuren, wie beim Urteil des EuGH zu Frauen in den Streitkräften.

Auf die beiden übrigen Handlungsmodi „Decision" und „Action" konnte nicht eingegangen werden, da die gesichteten Quellen in ihrer Durchschau keine hinreichenden Anknüpfungspunkte offerierten und parallel schon die Setzungen Brunssons dieses Resultat prognostizierten.

tegration von Frauen in die Bundeswehr hat gezeigt, daß in der Zukunft zielgruppenorientierte Nachwuchsgewinnung immer wichtiger wird."

4.3   Die Zeitschrift *Bundeswehr aktuell*

Die Zeitschrift *Bundeswehr aktuell* (im weiteren kurz *aktuell*) „ist die offizielle und vom Bundesministerium der Verteidigung herausgegebene Wochenzeitung für die Bundeswehr" (bundeswehr.de 2012). Sie erscheint seit 1965 und befaßt sich mit Themen aus der Politik, den Streitkräften und allgemeineren Gegenständen im Zusammenhang mit der Bundeswehr. Im Gegensatz zur Y, dem zweiten bundeswehrinternen, wöchentlichen Printmedium, baut *aktuell* primär auf Berichte und Nachrichten, weist weniger Illustrationen auf und verfolgt einen höheren Qualitätsanspruch. Daher dient die *aktuell* als Mediator für die Streitkräfte, bestimmte Prozesse vorzustellen und Neuerungen transparent zu machen.

Vor diesem Hintergrund kann die *aktuell* als eine Art Seismograph für die Prominenz einer Problematik identifiziert werden. Dies kommt beispielsweise darin zum Ausdruck, daß Frauen in der Bundeswehr als Thema ständig präsent sind, seitdem sie nicht mehr ausschließlich im Sanitätsdienst tätig sind. An der Art und Weise, wie die *aktuell* sich mit dem Komplex „Frauen in der Bundeswehr" befaßt, kristallisieren sich Merkmale heraus, die später für die theoretische Auseinandersetzung mit den Ideen Brunssons genutzt werden können. Darüber hinaus ermöglicht die Analyse entsprechender Veröffentlichungen in der *aktuell* einen Blick auf die Beweggründe der Bundeswehr für diese Darstellung.

So gab es u. a. die Schlagzeilen „Für die Frauen und Männer in den Auslandseinsätzen" (o. V. 2011d: 8f.) und „Berufswelt Bundeswehr. Schülerinnen blicken hinter die Kulissen von mehr als 210 Dienststellen" (o. V. 2011c: 1). Hier stachen zwei Aspekte hervor. Frauen wurden zumindest auf der „Talk"-Ebene den Männern gleichgesetzt. Die Bundeswehr wendete sich bereits im Sinne der Nachwuchsgewinnung eindeutig an Mädchen bzw. junge Frauen. Wohingegen es weder für Menschen mit Migrationshintergrund oder Jungen singuläre Möglichkeiten gab, sich bei der Bundeswehr unmittelbar vor Ort zu informieren. Sicher könnten etwa bei einem Tag der offenen Tür entsprechende Erfahrungen gesammelt werden. Dennoch genossen Frauen in diesem Metier gesonderte Aufmerksamkeit. Die zweite Schlagzeile illustrierte demzufolge, daß die Organisation Bundeswehr über eine reine Gleichberechtigung hinaus ausdrücklich Frauen ansprach. In diesem Zusammenhang konnte die Frage gestellt werden, ob es äquivalente Prozeduren und Kommunikationsvorgänge auch in Hinblick auf Menschen mit Migrationshintergrund gab.

Für die Analyse der *aktuell* wurden die Jahrgänge 1999 bis 2011 in ihrer Printversion als Untersuchungsgrundlage zugrunde gelegt. Es wurden alle Ausgaben nach relevanten Artikeln durchsucht. Apriori konnte durch eine Stichwortsuche in der *aktuell* festgestellt werden, daß Begriffe wie „integrativ"/„Integration" annähernd 200 mal und „Migration" 22 mal auftraten. Als Resultat der direkten Nachforschung konnten in mehr als 600 Ausgaben nur sechs Beiträge mit einem Bezug zur relevanten Frage identifiziert werden. Die Ursache für diese Diskrepanz lag darin, daß sich die aufgeführten Stichworte auch in Artikeln zu zwei anderen umfassend publizierten Problemfeldern fanden, und zwar „Frauen in der Bundeswehr" und bezüglich des Afghanistan-Einsatzes. Beide Themen implizierten die Auseinandersetzung mit „Integration" und insbesondere bei den Auslandsmissionen den Aspekt „Migration".

Um den Einstieg in die Problematik zu erleichtern, wird ein kurzer chronologischer Überblick über die Beiträge aus der *aktuell* gegeben, die zur Analyse herangezogen worden waren:

18. Januar 1999: Der damalige Verteidigungsminister Rudolf Scharping sprach seine Zuversicht hinsichtlich des Themas der doppelten Staatsbürgerschaft sowie der damit verknüpften Folgeerscheinungen aus. Dies geschah in der Annahme, daß sich viele Betroffene für die Bundeswehr entscheiden und sich daraus für die Streitkräfte substanzielle Vorteile ergeben würden, wie das Beispiel deutscher Soldaten mit jugoslawischer Herkunft im Bosnieneinsatz untermalt hätte, die mit ihren Sprachkenntnissen „eine große Hilfe" gewesen seien (o. V. 1999a: 1).

8. März 1999: Ein Treffen zwischen Rudolf Scharping, der damaligen Wehrbeauftragten Claire Marienfeld und 60 Soldaten mit „Wurzeln im europäischen Ausland" wurde reflektiert (o. V. 1999b: 6). Die Soldaten zogen dabei ein positives Resümee hinsichtlich ihrer Integration, und Minister Scharping hob die Potenziale von Soldaten mit Migrationshintergrund hervor. Sie brächten durch ihre Sozialisation und den familiären Hintergrund Expertise in die Bundeswehr, die in anstehenden Einsätzen dringend gebraucht würde.

Als unerfreuliche Erfahrungen wurden in erster Linie verbale Verunglimpfungen angeführt. Zwei Soldaten asiatischer Herkunft konnten an einem bestimmten Standort nicht mehr eingesetzt werden, weil dort „Amerikaner die Oberhand" hätten, welche gegenüber Personen aus Ostasien Ressentiments hegen würden (o. V. 1999b: 6). Und im Kreise der Spätaussiedler wäre es zu Isolationstendenzen gekommen, wenn diese konzentriert in einzelne

Einheiten einberufen worden wären, da sie dort vornehmlich in der jeweiligen Muttersprache kommuniziert hätten. Außerdem traten einige der Diskussionsteilnehmer, die erst seit kurzem in Deutschland lebten, mit der Bitte an den Minister heran, Deutschkurse in den Streitkräften anzubieten. Laut der Aussage des Ministers befänden sich solche Angebote schon in Planung.

Anschließend wurde die Wehrbeauftragte Marienfeld in einem kurzen Interview gesondert zum Feld der Integration von Soldaten mit Migrationshintergrund in der Bundeswehr befragt. Sie bewertete die Lage ähnlich den vorhergehenden Schilderungen. Ein wichtiger Aspekt fand in ihrer Aussage Ausdruck, die von ihr befragten Vorgesetzten sähen keinerlei Fremdenfeindlichkeit in der Bundeswehr.

5. Februar 2001: Über die Geschehnisse einer Tagung, an der Verteidigungsminister Scharping, der damalige Generalinspekteur Harald Kujat und je 75 Grundwehrdienstleistende ohne bzw. mit Migrationshintergrund zum Sektor „Innere Führung und Integration" teilnahmen, wurden berichtet. Der Minister hob unmißverständlich die Bedeutung der Veranstaltung hervor: „Die Tatsache, daß es bereits die zweite Tagung dieser Art und die dritte mit jungen Grundwehrdienstleistenden seit 1999 für mich ist, verdeutlicht auch die Ernsthaftigkeit, mit der wir hier diskutiert haben". Darüber hinaus stellten die Tagungsteilnehmer im Anschluß an eine Arbeitsphase ausgewählte Gesichtspunkte aus fünf Themenkreisen dar, u. a. „Erfahrungen im Dienstbetrieb" und „Integrationserfahrungen in der Bundeswehr". Aus den Erfahrungsberichten kristallisierte sich die gute Kameradschaft fernab ethnischer Grenzen heraus. Minister Scharping unterstrich die institutionalisierte Integrationsleistung der Wehrpflicht: „Die Bundeswehr ist in den vergangenen Jahren immer weltoffener, liberaler und toleranter geworden. Rücksichtnahme auf Hautfarbe, Religion oder Kultur ist nichts Neues in den Streitkräften."

Als grundlegendes Problem wurde eingangs die unzureichende Ernährung von Soldaten muslimischen Glaubens aufgegriffen. Weitere Negativerlebnisse seien die exklusive Gruppendynamik bei „Rußland-Deutschen", die mangelhafte Informationsleistung der Kreiswehrersatzämter und Verhaltensdefizite bei Vorgesetzten in Hinblick auf religiöse Fragen. Letzteres würde, so Minister Scharping, mittlerweile durch die Streitkräfte in Form eines „Leitfaden für Vorgesetzte" adressiert (o. V. 2001: 8f.).

22. September 2003: Ein Porträt des vietnamesisch stämmigen Stabsarztes Philipp Rösler, der zu dieser Zeit den Fraktionsvorsitz der niedersächsischen

FDP übernahm und somit vom Dienst ,beurlaubt' war, wurde veröffentlicht. Seit Mai 2011 bekleidete er den Posten des Vizekanzlers, des Bundesvorsitzenden der FDP und des Bundesministers für Wirtschaft und Technologie. Die Vita des Bundeswehrangehörigen Rösler mit besonderem Schwerpunkt auf sein soziales Engagement und seine Verbindung zur Bundeswehr wurde geschildert. Ein Auszug beschrieb, wie er seine ersten Meriten als Schulsprecher verdiente, als er sich gegen ein Stadtratsmitglied der Republikaner in dessen Funktion als Vertrauenslehrer aussprach und dadurch die Aufgabe dieses Postens erwirken konnte, oder die Tätigkeit seines Vaters als deutscher Offizier. Es wurde ein Bild des Philipp Rösler gezeichnet, das geprägt war von positiven Erinnerungen an die Zeit bei der Bundeswehr, sei es wegen der Kameradschaft oder der gelebten Unterstützung seiner politischen Ambitionen durch die Übernahme seiner Dienste (o. V. 2003: 6f.).

23. August 2004: An diesem Tag erschien eine Besprechung des Buches „Die Angst der Deutschen vor den Türken und ihren Beitritt zur EU" von Baha Güngör. Die Schlagzeile unter dem Titel begann mit dem Wort „Migration", und im Verlauf des Artikels tauchte u. a. „Integration" auf. Dieser Text ist ein sinnhaftes Beispiel für die genannte Stichwortrecherche, welche auf den ersten Blick ein enormes Repertoire an Beiträgen zu Tage gefördert zu haben schien. Richtete man den Blick allerdings auf die Inhalte, kam die gleiche Schwierigkeit wie beim hier beschriebenen Text ans Licht: Es ließen sich keine klaren Punkte herausfiltern, die Migration oder Integration in den Streitkräften tangierten (o. V. 2004: 5).

15. Dezember 2008: An diesem Tag erschien ein Bericht über die Eindrücke eines aus Afghanistan stammenden Grundwehrdienstleistenden der Sanitätstruppe. Der Großteil des Artikels tangierte weder den eigentlichen Protagonisten noch die Thematik von Soldaten mit Migrationshintergrund in den Streitkräften. Es wurde auf die positive Einschätzung des Engagements der Bundeswehr in Afghanistan durch den Betrachteten hingewiesen sowie auf seine Bereitschaft, im Rahmen der Organisation einen Beitrag zum Wiederaufbau Afghanistans zu leisten, da er „gern als Sprachmittler runter gehen" würde. Daneben wurden die guten Erfahrungen des jungen Mannes erwähnt, was Kameradschaft anbelange und sein Interesse „für die Laufbahn der Truppenoffiziere" (o. V. 2008: 12).

Allen Darstellungen gemeinsam ist die implizite Zielsetzung, die Legitimität der Organisation ,Bunderwehr' zu konsolidieren. Wie Brunsson ausführt, bleibt der Umwelt zumeist verborgen, was sich realiter in einer Organisation, hier: der Bundeswehr, ereignet. Daher versuchen solche Publikationen, die Entscheidungen der Managementebene hinsichtlich der Integration von Soldaten mit Migrationshintergrund zu vermitteln und als kohärent auszuweisen, was die Zitate des Ministers Scharping untermauerten.

„Talk" konnte dergestalt ausgemacht werden, daß es sich bei den Stellungnahmen um den Ausdruck dessen handelte, was die Bundeswehr als ihr Ideensystem zugrunde legte. Die Interaktionsschablone tauchte im Kontext der organisationsinternen und -externen Umwelten auf. Man zeigte sich bemüht, sich mit Entscheidungen in einer bestimmten Art, nämlich aufgeschlossen gegenüber dem Sachgebiet „Integration in den Streitkräften", zu positionieren. Eine erkennbare Absicht war es, nach außen hin einen Status zu konstruieren, der sich u. U. der ‚Heuchelei' als Instrument bediente, um von den datierenden Komplikationen abzulenken. Natürlich fokussierte man den Dialog mit und die positiven Wahrnehmungen von Soldaten mit Migrationshintergrund.

Dabei sollte ein Hinweis von Brunsson nicht außer Acht gelassen werden: Die Neigung einer Organisation, etwas anderes darzustellen, als wirklich stattfindet, erhöht sich, je größer die Dringlichkeit ist, Verantwortung und Legitimität zu generieren. Unter Heranziehung dieser These wiesen die analysierten Artikel exakt in die von Brunsson avisierte Richtung. So gewahrte man in den Streitkräften trotz der geringen quantitativen Breite der analysierten Texte und den wenigen belastbaren empirischen Befunden eine Tendenz zur vorteilhaften Auslegung der aktuellen Lage. Typische Überschriften lauteten etwa „Positive Wirkung" (o. V. 1999a: 1) oder „Ein Gewinn für die Truppe" (o. V. 1999b: 6). Das Merkmal der nachträglichen Legitimation bzw. die Verwendung von Entscheidungen zum Eigenvorteil wurden in den Artikeln deutlich, etwa wenn Rudolf Scharping den Nutzen der Eingliederung von Personen mit Migrationshintergrund oder doppelter Staatsbürgerschaft tangierte. Er intendierte damit, die mittlerweile positive Konnotation dieser praktisch nicht mehr wegzudenkenden Abläufe für sich als Entscheidungsrepräsentanten und die Organisation ‚Bundeswehr' einzusetzen.

Ferner verdeutlichte sich in den Texten die Präferenzgenese einer Organisation in einem Kommunikationsprozeß mit ihren Umwelten. Nachdem die wohlwollende Resonanz der Umgebungssysteme, vor allem der Massenmedien, die Integration als Aufgabe bestätigt hatte, schlossen sich Entscheidungen und womöglich Aktionen der Realisierung an. Dies kam exempli causa in der

Randbemerkung zum Tragen, man habe einen Leitfaden für Vorgesetzte konzipiert, wie mit religiösen Fragen richtig umgegangen werden müßte.

Diese Anpassungsleistung erfolgte freilich erst nach der positiven Bestätigung durch das jeweilige Referenzsystem. Hinzu gesellte sich die temporale Dimension des „Talk", der nur einen limitierten Raum erfassen konnte, seien es die externen Einflüsse oder die Legitimationsleistung für Entscheidungen bzw. Aktionen. Die Organisation ‚Bundeswehr' stand Umwelten gegenüber, die disparate Anforderungen an sie richteten. Die Bandbreite der Eingaben reichte von einer schnellen, weiterreichenden Integration von Menschen mit Migrationshintergrund bis hin zu konservativen Ansichten, die einen langsamen Prozeß präferierten, sofern die Inklusion überhaupt bejaht wurde. In der Konsequenz riefen die „Decisions" oder der „Talk" nicht ausschließlich Zustimmung hervor. Die Relation zwischen der Zuweisung von Verantwortlichkeit, die fraglos stattfand, und der Generierung von Legitimität fielen in der Summe bei dem beleuchteten Thema eher bescheiden aus. Zu viele polarisierende, institutionalisierte Wertvorstellungen der Umwelten konfrontierten die Organisation ‚Bundeswehr', als daß ein für alle tolerabler Kompromiß wahrscheinlich wurde. Dies erklärt, warum die Aussagen des Ministers und der Artikel, was die Zukunft anbetraf, eher vage ausfielen bzw. eine retrospektive Legitimitätssicherung anberaumt wurde, z. B. mittels des Verweises auf die hohe Frequenz der Konsultationen zu diesem Thema.

Der Handlungsmodus „Decision" basiert auf institutionalisierten Handlungsmustern und galt der Reduktion von Kontingenz. Erst als eine bewertbare Datenlage vorgefunden wurde, entschied die Bundeswehr, die doppelte Staatsbürgerschaft bei Soldaten zuzulassen und generell dem Metier der Menschen mit Migrationshintergrund mehr Aufmerksamkeit zu schenken. Dieser Wandel trat jedoch erst Dekaden nach einem signifikanten Anstieg der Zahl von Gastarbeitern bzw. Spätaussiedlern ein. Der oft suggerierte Selektionsvorgang bei Entscheidungen mußte, wie Brunsson feststellt, als Fassade des situativen Operierens anhand weniger, stark dekretierender Informationen eingeordnet werden. Sprachprobleme seitens der Menschen mit Migrationshintergrund, Unkenntnis religiöser Anforderungen seitens der Vorgesetzten und die Einhaltung der Verpflegungsart in den Streitkräften zwangen zu Entscheidungen. Dennoch instrumentalisierte man Entscheidungen, indem man ihren Symbolwert heranzog und diesen bestmöglich nach außen transportierte. Einmal gewählte Richtungen sollten beibehalten werden. Die ‚selbstselektive Strukturbildung' wurde zur Basis der folgenden Entscheidungen. In diesem Sinn bezog sich Minister Scharping explizit auf die Wirkung einer abgeschlossenen Handlung, nämlich das Abhalten einer Tagung über die Integration von Soldaten mit Migrationshintergrund. Diese Entscheidung schien demnach eine Reihe ähnlicher Veranstaltungen veranlaßt zu haben, denen aus Sicht Brunssons keine eigenständige Entscheidung vorangestellt war. Sie fungierten demnach als linear-kausale Fortsetzung des Ausgangsaktes. Nicht „Decisions" induzierten „Actions", vielmehr wurden diese zum Ausgangspunkt von jenen, womit die vorgefundenen, institutionalisierten Tätigkeitsmuster nachträglich legitimiert wurden.

Bedenkt man die in den Texten vorgestellten Mängel, zeigt sich die Herausforderung, Entscheidungen zu materialisieren. Hierin liegt eine Begründung dafür, daß „Decisions" zum Produkt werden können, welches Legitimität herstellen soll. Damit soll Kritik von den anders gearteten „Actions" abgeschirmt werden. Mit Hilfe von ‚Heuchelei' kann die Organisation ihren Betrieb aufrechterhalten und gleichzeitig der Umwelt gegenüber erklären, daß man sich der neuen Normen annehme.

Obwohl die Regierung bzw. der Minister die Einbeziehung von Soldatgen mit Migrationshintergrund administrativ fixiert hatten, stießen die Betroffenen immer noch auf Schwierigkeiten und Vorurteile innerhalb der Bundeswehr. So hieß es in einem schon erwähnten Artikel: „Mein Zugführer hat mir untersagt, eine Fastenzeit während des Dienstes zu beginnen." (o. V. 2001: 9) Daß eine Direktwirkung der obersten Administration auf die Ausführungsebene Fiktion darstellte, ist offensichtlich. Darum geriet das Produkt „Decision" ins Zentrum der Legitimitätsakquirierung. Damit saturierte man die exogenen Inputs, mit der Intention, die faktisch Handelnden von möglicher Kritik oder ambivalenten Ansprüchen fernzuhalten. Effizienz riefen nicht die Taten hervor, die mitunter negative Reaktionen auslösen mußten, sondern das Entscheiden selbst. Die „Decisions" richteten sich nach den antizipierten Folgen ihrer selbst. Nach dieser Logik veröffentlichte das Ministerium eine Richtlinie, eigentlich „Talk", die gleichzeitig Entscheidungsprämissen definierte. Befürwortete die Umwelt diesen „Talk", konnte dieser zu einer Legitimationsbasis avancieren, die wiederum zum Produkt der Organisation heranreifte. Solche Vorgänge wurden primär bei programmatischen Weichenstellungen einschlägig.

Das angesprochene Kräfteverhältnis zwischen den Entscheidungsträgern und den Ausführenden wurde damit zur vitalen Stellgröße. Die Artikel untermauerten erstens, daß das Verhalten der unteren Organisationsstellen finale Rechenschaft über die Materialisierung der Entscheidungen ablegte, zweitens daß die Führung der Organisation ,Bundeswehr' auf den Informationsbestand bzw. einen horizontalen Informationsfluß zwischen formal Gleichgestellten angewiesen war. Die „Actions" färbten Entscheidungen ein, und die Datenweitergabe der tangierten Soldaten, d. h. deren Selektion, stellte sich als Plattform für die Administration dar. Luhmann verwendet für diese Vorkommnisse den Terminus der ,selbstselektiven Strukturbildung': Im Moment, da die handelnden Akteure nur einen Ausschnitt ihrer Erfahrungen weitergeben, schließen sie damit bestimmte „Decisions" der Administration aus. Die Artikel zeigten genau diese Schwierigkeit auf, mit der sich jede Organisationsspitze auseinandersetzen muß. Augenscheinlich überwogen die positiven Erfahrungen von Soldaten mit Migrationshintergrund. Es kam punktuell zwar zu Friktionen, aber auch diese wurden von den Betroffenen selbst als harmlos eingeschätzt.

In der noch folgenden Analyse der Interviews mit Soldaten mit Migrationshintergrund wurde in diesen ein gegenteiliges Bild gezeichnet. Es fanden sich weiterhin Reibungspunkte. In Folge der vertikalen Informationsweitergabe würde der Kompaniechef mitnichten an seinen Vorgesetzten melden, daß er oder einer seiner Untergebenen sich unsachgemäß in einer Frage des muslimischen Glaubens betreffend verhalten hätte.[22] Daher konnten der Minister und die Organisationsführung nur auf Grund der zugänglichen Informationen entscheiden, die mitunter nicht neutralen Ursprungs waren.

In der Sphäre „Action" ließen sich primär die Tagungen und die Veränderungen bezüglich der doppelten Staatsbürgerschaft einordnen. Wie bereits bei den „Decisions" angeklungen war, sollte die Position der unteren Hierarchieebenen hier nicht unterschätzt werden. „Actions" sollten kollektive Handlungen sein, die von den angesprochenen Personen affirmiert werden. Die Wirkmacht dieser Personen wurde daran ersichtlich, daß ihre Eingaben, als eine wesentliche Variable, die Entscheidungsalternativen der Administration mit steuerten.

Einige Tatsachen, gegen die sich die Bundeswehr nicht verwehren konnte, waren beispielsweise Sprachbarrieren bei den Wehrpflichtigen, eine stetig zunehmende Zahl von Soldaten mit teilweise offensichtlich werdendem Migrationshintergrund und Konflikte auf Grund der Nichtberücksichtigung religiöser Sonderforderungen. Es mußte intern auf die aus diesen Gegeben-

22   Dies ging aus einem der geführten Interviews hervor.

heiten resultierenden Eindrücke reagiert werden. Die dadurch bedingten Aktionen wurden erst a posteriori durch Entscheidungen legitimiert, da keine Alternative mehr bestand. Für die aktuell reflektierten Problemen standen jedoch keine Entscheidungen zur Verfügung, die den Weg für die operativen Personenkreise weisen konnten, weshalb man sich auf institutionalisierte Ideensysteme, den „Talk", berief.

Aus den Schilderungen der Soldaten ging hervor, daß die militärische Gemeinschaft größtenteils als integrativ wahrgenommen wurde, trotz eines eventuellen Migrationshintergrundes einzelner Soldaten. Im Falle Philipp Röslers sei ihre Unterstützung sogar eine Prämisse für den Erfolg seiner Person und seiner politischen Ambitionen gewesen. Dabei gründeten sich diese Vorkommnisse nicht auf Entscheidungen einer übergeordneten Stelle, sondern auf Kameradschaft, Hilfsbereitschaft und Gruppendynamiken, allesamt Parameter, die zum inhärenten Regelkanon der Bundeswehr gehören. Hier zeichnete sich eine Qualität von „Action" ab, die Brunsson mit seinem Verweis auf Entscheidungen umrissen hat. Sobald der Minister entschieden hatte, das Thema „Integration von Soldaten mit Migrationshintergrund" auch offiziell zu regulieren, konnte dies als eine Aktion eingestuft werden, sprich: Die Neuordnung von Handlungsmustern und neue Policies hielten Einzug.

Die *aktuell* und ihr Modus der Datenweitergabe korrespondierten mit den theoretischen Setzungen Brunssons. Für die drei Handlungsmodi „Talk", „Decision" und „Action" wurden die Kerncharakteristika, welche im Theoriekapitel vorgestellt wurden, erfüllt. Resümierend kann konstatiert werden, daß die Organisation ,Bundeswehr' sich des Themas für alle drei Handlungsmodi angenommen hatte, wobei der Druck der Umwelten als Faktor nicht unterschätzt werden sollte, ebenso nicht die Bedeutsamkeit der ,Heuchelei' als Kompensationsinstrument, um Ungleichzeitigkeiten abzufedern, die aus der Disparität von „Talk" zu „Decision" und „Action" resultierten.

Die Auseinandersetzung mit der Problematik der Integration von Soldaten mit Migrationshintergrund in der Bundeswehr hatte den Beiträgen der *aktuell* zu Folge einen relativen Höhepunkt vor ca. 10-13 Jahren und ebbte daraufhin sukzessive ab. Seit vier Jahren wurde in der *aktuell* kein Artikel mehr zu diesem Thema veröffentlicht. Gleichzeitig hatten Artikel zum Thema „Frauen in der Bundeswehr" eine konstant ansteigende Präsenz inne. Verglichen damit wurde eine sehr niedrige Anzahl von Publikationen zur Problematik „Deutsche Soldaten mit Migrationshintergrund" ermittelt.

4.4 Selbstdarstellung und Migrationsproblematik in Videos der Bundeswehr

Die Bundeswehr befindet sich in einer politischen, militärischen, ideologischen Wende. Vor kurzem wurde die Wehrpflicht ausgesetzt, um eine Berufsarmee aufzubauen. Diese politische Entscheidung stellt für die Bundeswehr als Organisation eine Herausforderung dar, die auf verschiedenen organisationalen Problemen beruht: Wie kann die Funktionalität der Bundeswehr (Einsatzbereitschaft) trotz eines sinkenden Personalpotentials gesteigert werden? Kann die bisher herrschende Lehre der Inneren Führung weiterbestehen, oder muß sie im Kontext der Auslandseinsätze angepaßt werden? Wie kann das Berufsbild nach innen und nach außen verbessert werden, damit die Bundeswehr eine höhere Berufsattraktivität und eine bessere Personalbindung erreicht?

Bezüglich der strukturellen Neuformierung der Bundeswehr ist eine Wende im Bereich der Selbstdarstellung zu beobachten. Unter der Führung des aktuellen Bundesministers der Verteidigung, Thomas de Maizière, kehrte eine patriotischere Form ein: eine kleine Revolution in Deutschland, insofern die Zweite Weltkrieg-Problematik und das daraus folgende Patriotismus-Tabu weiterhin zu beobachten sind. Nun heißt es „Wir. Dienen. Deutschland.". Diese mutige deklaratorische Bekundung war sicherlich nur in diesem aktuellen Kontext der Verwandlung möglich. Den genannten neuen Herausforderungen zufolge entspricht diese Wende einer neuen (Kommunikations-) Strategie der Bundeswehr.

Eine weitere denkbare Vorgehensweise wäre die Steigerung des Schutzes von kulturellen Minderheiten innerhalb der Bundeswehr und eine größere Förderung der interkulturellen Kompetenz der Soldaten. In der Tat würden solche Maßnahmen, die für den Handlungsmodus „Action" stehen, die Berufsattraktivität, die Personalbindung und die Einsatzfähigkeit der Organisation erhöhen. Ferner handelte es sich ursprünglich um eine bundesweite Entscheidung, die Integration von Bürgern mit Migrationshintergrund zu fördern. In diesem Sinne kann analysiert werden, wie die Organisation ‚Bundeswehr' mit der Problematik der Integration von Personal mit Migrationshintergrund umgeht. In anderen Worten, wie die Bundeswehr diese Auflage des Primats der Politik umsetzt und zu ihrem Vorteil nutzt. Spezieller wird in diesem Abschnitt analysiert, wie diese Thematik sich im Bereich „Talk" der

Bundeswehr herauskristallisierte. Wie stark war die politische Absicht zu mehr Interkulturalität in der Selbstdarstellung der Bundeswehr vertreten?

4.4.1 Ausgangspunkt, methodisches Vorgehen und Quellen

Das Arbeitspapier 3/2011 des Zentrums Innere Führung zur interkulturellen Kompetenz bildete die Basis für die Ansprüche, die die Bundeswehr hinsichtlich interkultureller Sensibilisierung formulierte. Darin wurde unterstrichen, daß es die interkulturelle Kompetenz organisationsintern zu fördern gelte (Zentrum Innere Führung 2011b). Hierbei muß angemerkt werden, daß die Bundeswehr für den Betrieb ihrer Selbstdarstellung selbst verantwortlich zeichnet. Zu diesem Zweck unterhielt sie die Akademie der Bundeswehr für Information und Kommunikation (AIK). In dieser Einrichtung wurde das Personal im Bereich der Presse- und Öffentlichkeitsarbeit aus- bzw. weitergebildet. Die Akademie organisierte die Entwicklung einer bundeswehrspezifischen Kommunikationsstrategie, u. a. die Suche nach neuen Nachwuchswerbungen (AIK-Internetseite).

Die vom Arbeitspapier 3/2011 identifizierte Problematik wurde von der AIK als Aufgabe wie folgt deklariert: „Die Auseinandersetzung mit aktuellen und konfliktträchtigen Themen, etwa mit dem internationalen Terrorismus und den neuen Kriegsformen sowie deren Konsequenzen auf die im Transformationsprozeß befindliche Einsatzarmee Bundeswehr, bildet [...] ein besonderer Schwerpunkt. Aus diesem gesamten Spektrum ergeben sich *neue Herausforderungen für die Informationsarbeit der Bundeswehr, dies auch für interkulturelle und ethische Fragestellungen* oder die Bereiche Multimedia, PR-Analysen und Neue Medien." (AIK-Internetseite 2012)

Diese Feststellung prägte die Kommunikation und insbesondere die Eigenwerbung der Bundeswehr. Dementsprechend pflegte sie ihr Image eines modernen und aktiven Kommunikanten, welcher auch effizient sein muß. Die Zeiten, in denen die Personalgewinnung und -bindung durch die Wehrpflicht keiner weiteren Beachtung bedurften, gehörten der Vergangenheit an. Die Organisation ‚Bundeswehr' mußte sich auf dem Arbeitsmarkt, wie andere Unternehmen auch, als attraktiver Arbeitgeber präsentieren, damit sie eine quantitativ ausreichende Personalgewinnung sicherstellte, aber auch eine qualitativ zufriedenstellende: Je mehr Personal sie rekrutieren konnte, desto mehr konnte sie eine qualitative Selektion des gewonnenen Personals vornehmen.

Nun konnte beobachtet werden, daß die Bundeswehr trotz einer modernen und aktiven Selbstdarstellung seit der Aussetzung der Wehrpflicht auf Schwierigkeiten stieß, genügend Neupersonal zu gewinnen, was eine qualitative Selektion verhinderte (Spiegel.de 2011). In der Tat wird in diesem Abschnitt gezeigt, wie die Bundeswehr vor allem durch Videos kommunizierte und für sich warb. Für die allgemeine Fragestellung dieses Forschungsprojektes war es interessant zu zeigen, wie stark deutsche Staatsbürger mit Migrationshintergrund innerhalb dieser Werbung und Öffentlichkeitsarbeit repräsentiert wurden. Außerdem wurde hinterfragt, ob die Videos der Bundeswehr sich in den letzten Jahren im Hinblick auf die Integrationsproblematik geändert hatten. Sobald dies festgestellt war, wurden Vermutungen geäußert, welche den Zweck eines solchen Wandels aufklären wollten.

Videos schienen im letzten Jahrzehnt eine zunehmende Rolle zu spielen. Die Bundeswehr war sich der raschen Entwicklung und Verbreitung des Internets bewußt. Folglich zeigte sie in der virtuellen Welt eine besondere Präsenz, um ihre Selbstdarstellung (Mitteilungen, Reportagen, Werbung etc.) zu entfalten. Dadurch erreichte sie viel einfacher die jüngere ‚Internet-Generation': Der potentielle Rekrut konnte direkt bei sich zu Hause angesprochen werden, ohne ihn oder sie bei vermutlich unattraktiveren Arbeitsmessen erwarten zu müssen. Dementsprechend präsentierte sich die Bundeswehr auf ihren offiziellen Internetseiten, aber auch in sozialen Netzwerken aktiv (z. B. Facebook). Des Weiteren besaß sie einen eigenen Videokanal auf YouTube, wo sie besonders aktiv war. Die nachfolgende Recherche stützte sich auf Videos, die auf diesen Seiten gefunden wurden.

4.4.2 Eine theoretische Einordnung

Die empirische Analyse von Videos der Bundeswehr konzentrierte sich auf den Handlungsmodus „Talk" der Theorie Brunssons. Durch diese Form der Kommunikation kann eine Organisation ihre Kontakte mit inner- oder außerorganisationalen Elementen pflegen. Organisationale Selbstdarstellung ermöglicht den Kontakt mit der Umwelt, was durch einen einseitigen oder gegenseitigen Informationsaustausch geschehen kann.

In dem hier bearbeiteten Fallbeispiel ließ sich diese Theorie insofern anwenden, als die Organisation ‚Bundeswehr' mit ihren relevanten Umwelten kommunizierte, indem sie durch verschiedenste Massenmedien über ihre Eigenschaften, Fähigkeiten und Tätigkeiten informierte. Die mitunter diffizile

Abgrenzung zwischen den Handlungsmodi „Talk", „Decision" und „Action" ließ sich in diesem Fallbeispiel extrapolieren. Der ausgewählte Inhalt der Videos, der zunächst analysiert wurde, sorgte zumeist für eine Unklarheit des Ziels bzw. der Grundaussage der Videos: Wofür sprach das Zeigen von erfolgreichen Soldaten mit Migrationshintergrund in den Werbespots der Bundeswehr? Sprachen sie für das bloße Kommunizieren einer Absicht, mehr Bürger mit Migrationshintergrund in die Bundeswehr einzubinden („Talk")? Oder waren sie durch das Zeigen einer beispielhaften Integration so verbindlich, daß sie zu mehr Integration in der Bundeswehr aufriefen („Decision")? Berichten sie über geschehene und erfolgreiche Integration von Soldaten mit Migrationshintergrund („Action")?

Beim Sichten der Videos wurde festgestellt, daß viel Raum für die Interpretation des Zuschauers gelassen wurde. Dies war sicherlich auch die Absicht bei den Drehüberlegungen. Jeder sollte sich positiv angesprochen fühlen. Der potentielle Rekrut mit Migrationshintergrund konnte sich mit der Bundeswehr identifizieren und womöglich leichter gewonnen werden. Die Entscheider und Befürworter der Förderung von IkK in der Bundeswehr fanden in diesen Spots die Materialisierung ihrer Absichten. Somit konnte festgehalten werden, daß die Theorie Brunssons sich sehr gut auf dieses Beispiel anwenden ließ.

4.4.3 Analyse der Videos, Integration und Interkulturalität

Im Rahmen der empirischen Analyse wurden zunächst die im Internet zu findenden Videos betrachtet. Dazu wurden primär die multimedialen Ressourcen der Hauptinternetseiten der Bundeswehr unter die Lupe genommen (bundeswehr.de; bundeswehr-karriere.de; youtube.com/user/Bundeswehr). Eine erste allgemeine Anmerkung betraf die Suchmaschinen, die auf diesen Seiten zu benutzen waren. Es war nämlich interessant zu beobachten, daß der Besucher, der nach den Schlagwörtern „Ausländer", „Integration" oder „Interkulturelle Kompetenz" suchte, auf zahlreiche interne Links stieß. Er wurde zu Artikeln weitergeleitet, die diese Themen beinhalteten oder erwähnten. Hierbei gab es einen großen Kontrast zwischen dem expliziten Ansprechen dieser Thematiken in Artikeln und der impliziten Kernaussage der Videos, die selten ausdrücklich erwähnten, daß einige Darsteller einen Migrationshintergrund besaßen. Diese Art des Kommunizierens wird noch genauer betrachtet.

Für den empirischen Teil dieser speziellen Fallbearbeitung wurden die zwei letzten ‚Werbegenerationen' in Betracht gezogen. Die ältere Werbegeneration basierte auf dem Slogan „Karriere mit Zukunft", während die jüngere sich auf den bereits erwähnten Slogan „Wir. Dienen. Deutschland." stützte. Zu Beginn der Forschung sollten beide Generationen nicht verglichen, sondern nur mit möglichst vielen Videoquellen der letzten Jahre gearbeitet werden. Dennoch wurde die Feststellung von Unterschieden in der Werbestrategie beider Generationen so eklatant, daß ein Vergleich vor dem Hintergrund der Ab- bzw. Anwesenheit von Soldaten mit Migrationshintergrund in diesen Videos unausweichlich wurde.

Die Werbespots der Generation „Karriere mit Zukunft" waren noch auf den offiziellen Webseiten in den Archiven und auf YouTube zu finden. Bei der Betrachtung dieser älteren Werbevideos und Reportagen stellte sich heraus, daß die Migrationsthematik nahezu völlig abwesend war. Generell war in den Fernsehspots der Bundeswehr keine Spur von Integration und (ehemaligen) Migranten zu finden. Die Strategie war eine andere. Die Bundeswehr zielte darauf ab, das breite Spektrum ihrer Berufsangebote vorzustellen, um sich als attraktiver Arbeitgeber darzustellen. Die Zielgruppe war also die Bevölkerung im Allgemeinen, wobei die Präsenz von Frauen in diesen Videos besonders markant war, was auf einen Willen, mehr Frauen rekrutieren zu wollen, hindeutete.

Die Archivvideos waren nach Dienstgradgruppen geordnet: Laufbahn der Mannschaften, Feldwebel und Offiziere. Des Weiteren waren Videos unter den Rubriken „Studium bei der Bundeswehr" und „Diverse Verwendungen der Bundeswehr" zu finden. Es ist an dieser Stelle wichtig anzumerken, daß die Videos dieser Anwerbegeneration nach ihrem beruflichen Inhalt benannt wurden. Neben dem Video „Laufbahn Mannschaften-Sanitäter" fand man „Bäcker", „Rollenspieler" oder „Waffentechniker". In diesen Videos der Mannschaften waren keine Staatsbürger zu sehen, die einen Migrationshintergrund vermuten ließen. Dies war selbst in der Werbung für die sogenannten Rollenspieler der Fall, wobei die Präsenz dieses Teils der Bevölkerung in solchen Bereichen als zweckmäßiger zu vermuten war.

In der Betrachtung der Spots für die Unteroffizierslaufbahn ließ sich dieselbe Feststellung machen. Keiner der in den Aufnahmen gezeigten Unteroffiziere ließ einen Rückschluß auf ausländische Wurzeln zu. Vielmehr wurde in dieser Werbung der Akzent auf die Repräsentation von Frauen gesetzt: Nahezu die Hälfte der Interviewten waren Frauen, was in Anbetracht ihrer wirklichen Präsenz im Unteroffizierskorps in diesem Fall für eine bildliche Überrepräsentation sorgte. In den verschiedenen Karrieren mit Zukunft-Videos zu den Offizieren waren offensichtlich keine Staatsbürger mit Migrationshintergrund vertreten.

Wollte die Bundeswehr diesen Repräsentationsmangel ausgleichen? Wollte sie gezielt mehr Staatsbürger mit Migrationshintergrund anwerben? Solche Fragen kamen auf, als die offensichtliche Wende in der Werbungrhetorik der Bundeswehr gegenüber diesem Teil der Bevölkerung betrachtet wurde. In der Tat unterschied sich die neue Generation „Wir. Dienen. Deutschland." stark von ihrer vorhergehenden. Die Werbung zielte weniger auf das Professionelle und vielmehr auf das Gefühlte bzw. Persönliche ab. Die Soldaten wurden bildlich weniger vor dem Hintergrund ihres Arbeitsplatzes dargestellt, sondern eher vor einem neutralen dunklen Hintergrund interviewt, was mehr Raum für das persönliche – fast intime – Interview ließ (Abb. 3 und 4; links die älteren, rechts die jüngeren).

Abbildungen 3 und 4:   „Karriere mit Zukunft" und „Die Generation Wir.Dienen.Deutschland." [23]

Video: Laufbahn Mannschaften
Sanitäter
Ein Mannschaftsdienstgrad stellt den
Sanitätsdienst vor.

Meine Geschichte - Obergefreiter
Jessica Weronetzki
Als Freiwillig Wehrdienstleistende im
Luftwaffenamt der Bundeswehr.

Video: Laufbahn Mannschaften
Bäcker
Ein Mannschaftsdienstgrad stellt den Beruf
Bäcker vor.

Meine Geschichte - Hauptgefreiter
Sohaib El Jarraz
Als Freiwillig Wehrdienstleistender auf dem
Minenjagdboot Homburg.

Die beste Darstellung dieser Werbewende war auf der Seite *bundeswehr-karriere.de* zu finden. Besonders markant war die Betitelung der Videos. Für die jüngere Generation wählte man die Überschrift „Meine Geschichte + Dienstgrad + Name". Der vorgestellte Beruf rückte in den Hintergrund. Für die Thematik dieses Forschungsprojekts war aber noch interessanter zu beobachten, welche Namen die dargestellten Protagonisten trugen. Beide ließen

---

23   Vgl.   www.bundeswehr-karriere.de/portal/a/milkarriere/!ut/p/c4/DcLBEYAgDATA
     Wmwg-fuzC_V3YJQMEBxAbF9nl3f-GYZe6FoMiVfevM7upawpolaVKtSkDvVCQw
     8plPCcDsEyzJoPOLsY33GZPn LNUCg!/.

unterschiedliche Migrationshintergründe erahnen, was in der älteren Generation nie zu erkennen oder gar zu vermuten war. Dieses Beispiel war sehr repräsentativ für diese neue Werbereihe. Während die Migrations- bzw. Integrationsthematik in den Reportagen der Bundeswehr (Portal Streitkräftebasis oder Heer, Bundeswehrkanal bei YouTube) abwesend war, ließ sich das Beispiel von Jessica Weronetzki und Sohaib El Jarraz für die gesamte Reihe der „Wir. Dienen. Deutschland."-Werbeanzeigen verallgemeinern. Außerdem unterhielt die Bundeswehr auf YouTube seit Juli 2011 parallel zu ihrem offiziellen Kanal einen „Wir. Dienen. Deutschland."-Kanal (www.youtube.com/user/WirDienenDeutschland).

Bei der Hintergrundanalyse der einzelnen Videos betrachtete man am besten den allgemeineren, offiziellen „Wir. Dienen. Deutschland."-Spot. Neben der Tatsache, daß die Bundeswehr sich einmalig und kompromißlos kriegerisch darstellte, war unter anderem ein interessanter Slogan mit dem Titel „Deutschland ist einzigartig, bunt und vielfältig. Dafür dienen wir." zu finden. So wurde die Wahrnehmung Deutschlands dargestellt, für welche sich das Dienen und gar das Sterben lohne. Die Vielfalt der Bevölkerung und innerhalb der Bundeswehr waren in diesem Video nicht zu sehen. Es wurde zuerst darauf hingewiesen, daß die Bundeswehr sie verteidigen und (noch) nicht widerspiegeln wollte oder sollte. Allerdings wurde dies in zahlreichen einzelnen Videos erfüllt, in dem diese Thematik angesprochen oder konkreter aufbereitet wurde.

Die Darstellung einer vielfältigen Bundeswehr wurde zuerst auf deklaratorischer Ebene kommuniziert. Die Organisation ,Bundeswehr' war sich der aktuellen Einschätzung der deutschen Bevölkerung bewußt. Die Vielfältigkeit der Gesellschaft wurde dabei als Vorteil betrachtet. Dies erfolgte durch die Stellungnahme einer Bundeswehr-Dolmetscherin: „Ich diene Deutschland, weil ich finde, daß unser Land und seine Menschen viel facettenreicher und spannender sind, als das für gewöhnlich im Ausland wahrgenommen wird".[24] Dazu kam das Lob der Vielfalt, das durch das Interview des Journalisten und Medientrainers der Bundeswehr, Klaus Pokatzky, geschah. Laut ihm sei das aktuell vielfältige Deutschland das beste Deutschland, das es je gegeben habe und dem es folglich zu dienen gelte. Er sagte sogar: „Wer sehen will, wie Multikulti in unserem Land funktioniert, soll sich die Bundeswehr ansehen". Die-

---

24 Vgl. www.youtube.com/watch?v=B3IQpRrtIKk&feature=plcp&context=C4ca1f74VD vjVQa1 PpcFOI6lBFxnybfcnSya45aSWVGqiO7pF437U%3D

se Redewendung stellte die Bundeswehr als beispielgebende Organisation dar, die die ethnische Bandbreite Deutschlands widerspiegelte. Damit traten die Streitkräfte in einen unmittelbaren Austausch mit ihrer Umwelt. Sie wollte sich offen, anpassungsfähig und beispielhaft zeigen.

Als weitere Beispiele wurden zwei Personen vorgestellt, die diese Vielfalt innerhalb der Bundeswehr verkörperten (Abb. 5 und 6). Die Stabsärztin Nihal Güllac wies vermutlich einen türkischen Migrationshintergrund auf und stand gleichwohl einem Arbeitsverhältnis mit der Bundeswehr. Sie war Offizier, weiblich, sprach akzentfreies Hochdeutsch und schien sehr zufrieden zu sein, was für eine erfolgreiche Integration innerhalb der Organisation sprechen sollte. Sie sagte es sogar explizit: „Ich diene Deutschland, weil Deutschland meine Heimat ist." Das zweite Beispiel zeigte den Mannschafter Sharim Quoos, der in der Bundeswehr bei den Marineschutzkräften diente. Die Migrationsthematik wurde in seinem Interview nicht aufgegriffen, obwohl sein Vor- und Nachname einen Migrationshintergrund stark vermuten ließen. Sharim Quoos beschrieb seine Tätigkeit als Soldat und seine berufliche Zufriedenheit. Obwohl die Integrationsthematik offensichtlich war, rückte sie in den Hintergrund des Interviews. Sharim übte ‚lediglich' einen Beruf aus und diente seinem Land. Durch die Selbstverständlichkeit, mit der er diese Situation beschrieb, wollte die Organisation ‚Bundeswehr' zeigen, wie hoch ihre Integrationsfähigkeit war: Die höchste Integration ist jene, die nicht auffällt.

Abbildungen 5 und 6:   Stabsärztin Nihal Gülac und Stabsgefreiter Sharim Quoos[25]

25   Quelle: www.youtube.com/watch?v=aMQfpFr3r_o sowie www.youtube.com/watch?v=DDidleppo64

4.4.4 Schlußfolgerungen

Die Analyse der Videos der Bundeswehr erbrachte zwei zentrale Erkenntnisse. Erstens hatte sich erwiesen, daß es in den letzten Jahren einen Strategiewechsel in der Werbung der Bundeswehr gab. Vorher wollte sich die Organisation als attraktiver Arbeitgeber präsentieren. Die Vielfalt der Berufe war wichtiger als die Vielfalt des Personals, was die Abwesenheit der Migrations- bzw. Integrationsthematik in der älteren Selbstdarstellung der Bundeswehr erklärte. Demgegenüber waren diese Themen in der aktuellen „Wir. Dienen. Deutschland.“-Werbung omnipräsent. Integration wurde dabei als eine Selbstverständlichkeit oder als bereits abgelaufener Prozeß dargestellt: Die Bundeswehr sei die Chance, seine Integration oder seinen Integrationswillen zu beweisen. Zweitens, wenn man die Theorie von Brunsson anwendet, ließ sich tatsächlich eine Art „Organized Hypocrisy“ feststellen. Selbst in der aktuellen Selbstdarstellung existierte ein großer Unterschied zwischen den Werbespots (starke Präsenz von Migranten) und den Reportagen (nahezu abwesend). Dieser Unterschied zwischen der Aussage „Was wir sein wollen“ („Talk“-Werbung) und „Was wir sind“ („Action“-Reportagen) sprach letztlich für eine Diskrepanz zwischen beiden Bereichen und somit für bewußte oder unbewußte „Organized Hypocrisy“.

4.5   Die Rekrutierung von Soldaten ohne deutschen Paß

Nach der Aussetzung der Wehrpflicht und im Zuge der Umgestaltung der Bundeswehr zu einer Freiwilligenarmee wurde festgestellt, daß es zu einem Mangel an Personal kommen würde. Deswegen wurde darüber diskutiert, ob Personen ohne deutschen Paß in den Streitkräften dienen könnten. Steffen Moritz, Leiter des Presse- und Informationsstabes des BMVg, meinte dazu, daß die „Frage, ob wir die Streitkräfte auch für Nichtdeutsche öffnen, [...] derzeit im Ministerium geprüft“ wurde.[26] Gemeint war damit, daß EU-Angehörige sowie Bürger aus Ländern wie der Schweiz, mit denen es ein Abkommen über die gegenseitige Anerkennung von Berufsabschlüssen gab, in der Bundeswehr arbeiten könnten. Als Folge dieser Überlegungen wurde das „Maßnahmenpaket zur Steigerung der Attraktivität des Dienstes in der Bundeswehr“ am 5. Januar 2011 bekannt gegeben.

---

26   Nur EU-Ausländer zur Bundeswehr, www.fr-online.de/politik/praezisierter-vorschlag-nur-eu-auslaender-zur-bundeswehr,1472596,7189972.html, Zugriff am 21. März 2012.

Vor dem Hintergrund der Theorie Brunssons konnte man verstehen, daß das Problem der Nachwuchsgewinnung und die Suche nach Möglichkeiten, Nichtdeutsche einzustellen, zum Handlungsmodus „Talk" gehörten. Desweiteren wurde öfters davon gesprochen, daß sich die Bundeswehr als „Spiegel der Gesellschaft" darstelle.[27] Diese Feststellung war ein weiterer Ausdruck von „Talk". Jedoch stellte sich auf der „Decision"-Ebene die Notwendigkeit, daß die deutsche Staatsangehörigkeit erforderlich war, um in den deutschen Streitkräften dienen zu können. Um EU-Ausländer in der Bundeswehr einzustellen, müßte es demzufolge zu einer Gesetzesänderung kommen, was zur „Action"-Ebene gehören würde. 2011 wurden durch den Mangel an „Action" ca. sechs Million Menschen (Zensus 2011) in Deutschland kategorisch vom Dienst in der Bundeswehr ausgeschlossen, obwohl sie wie ein ‚normales' Unternehmen die Erfahrung mit Soldaten aus anderen Kulturkreisen benötigt. Durch „Action" wäre auch der hohe Bedarf an Soldaten gedeckt worden, und die Bundeswehr hätte effektiver arbeiten können. Deswegen wurde das Maßnahmenpaket zur Steigerung der Attraktivität des Dienstes in der Bundeswehr erlassen. So steht im Artikel 18: „Bestehende Regelungen sind so zu erweitern, daß Inländer bei entsprechender Eignung, Befähigung und Leistung auch ohne deutsche Staatsbürgerschaft regelmäßig in die Streitkräfte eingestellt werden können."[28]

Zusammenfassend ist zu sagen, daß die Idee, Ausländer in der Bundeswehr einzustellen, „Talk" in „Decision" überführt, aber noch keine „Action" vollzogen wurde. Dies wäre erst dann der Fall gewesen, wenn das Gesetz über die Rechtsstellung der Soldaten (SG) Abschnitt 2 § 37 Abs. 1.1 geändert und Ausländer effektiv eingestellt worden wäre.

4.6 Die Internetseiten der Bundeswehr

Im folgenden Abschnitt rücken die Internetseiten der Bundeswehr in den Mittelpunkt der Analyse. Zu diesem Zweck erscheint es sinnvoll, eingangs die einzelnen Internetseiten der Bundeswehr kurz vorzustellen und sie nach ihrer

---

27 Vgl. www.welt.de/die-welt/debatte/article7298017/Spiegel-der-Gesellschaft.html, Zugriff am 22. März 2012.

28 Vgl. BMVg, außen-sicherheitspolitik.de/wp-content/uploads/2011/02/110105-BMVg-F%C2%9F-S-I-Ma%C2%A7nahmenpaket-Attraktivit%C3%A4t.pdf, Zugriff am 22.03.2012.

jeweiligen Funktion einzuordnen. Worin also lag der Sinn der einzelnen Internetseite, und an wen richtete sie sich?

Untersucht wurden die drei offiziellen Internetseiten der Bundeswehr: *bundeswehr.de*, *einsatz.bundeswehr.de* und *bundeswehr-karriere.de*. Gleichermaßen wurden der YouTube-Channel der Bundeswehr wie auch ihr Internetauftritt auf der Internetplattform facebook analysiert.

Die redaktionelle Verantwortung für die Internetseiten der Bundeswehr lag für *bundeswehr.de*, *einsatz.bundeswehr.de*, den YouTube-Channel und die Facebookseite beim Presse- und Informationsstab der Bundeswehr (bundeswehr.de, Impressum). Bei der Website *karriere-bundeswehr.de* war das Personalamt der Bundeswehr für deren Ausgestaltung verantwortlich (bundeswehr-karriere.de, Impressum).

Initial wurde die Hauptseite der Bundeswehr *bundeswehr.de* im World Wide Web exploriert. Sie beherbergte das breiteste Informationsangebot und sprach gleichzeitig Angehörige der Streitkräfte als auch Personen außerhalb der Streitkräfte an. Auf ihr wurden u. a. Informationen über die einzelnen Truppengattungen der Bundeswehr abgebildet. Darüber hinaus beheimatete sie eine Service-Rubrik, auf welcher Angehörige der Streitkräfte Informationen über Themen wie Umzug, Besoldung oder die Gliederung der Wehrverwaltung einsehen konnten. Ein weiterer Reiter verlinkte Informationen zu den aktuellen Auslandseinsätzen der Bundeswehr.

Beim Stichwort „Jugend" begegnete man der nächsten Überkategorie. Diese richtete sich ausschließlich an Erwachsene, die sich näher mit den Streitkräften befassen wollten. Es wurden Informationsveranstaltungen aufgelistet und Inhalte aufbereitet, die bei Interesse über zusätzliche Verlinkungen zum Karriere-Portal der Bundeswehr führten. Letztgenannte Rubrik zielte eigens auf die Nachwuchsgewinnung ab. Diese Schlaglichter sollen bekunden, wie breit die Internetseite aufgestellt war.

Im Gegensatz dazu wirkte *einsatz.bundeswehr.de* thematisch enger gefaßt. Dieser Internetauftritt behandelte die Auslandseinsätze der Bundeswehr. Das inhaltliche Spektrum reichte von der Aufbereitung einzelner Berichte abgeschlossener Einsätze der Bundeswehr über Eindrücke und Nachrichten aus den aktuellen Einsatzgebieten bis zu Hintergrundberichten für deren Zustandekommen. Im Mittelpunkt stand die Präsentation der aktuellen Geschehnisse in den Einsatzgebieten. Als hauptsächlicher Adressat dürften die Angehörigen aktiver Soldaten gelten. Darüber hinaus versuchte sie, allen interessierten Bürger einen, soweit möglich, neutralen Eindruck über die Geschehnisse in Afghanistan, dem Kosovo usw. zu erlauben. Die Webpage beschränkte sich auf das Kommunizieren von Erfolgen oder Vorkommnissen in den Einsatzgebieten; eine direkte Kommunikation mit den Nutzern fand nicht statt.

Anders *karriere-bundeswehr.de*: Diese Plattform sprach vorrangig Personen fernab der Bundeswehr an, die womöglich mit dem Gedanken spielten, als freiwillig Wehrdienstleistende oder Soldaten auf Zeit in die Bundeswehr einzutreten. Ähnlich verhielt es sich mit dem YouTube-Channel und dem Facebook-Auftritt der Bundeswehr. Die drei Bereiche verfolgten das Anliegen, Menschen für den Soldatenberuf zu begeistern. Die Bundeswehr gebrauchte letztgenannte als Mediatoren und Multiplikatoren, um sich in den neuen sozialen Foren zu positionieren. Sie sann darauf, Attribute wie Innovationsträger, Offenheit oder Inklusivität mit Substanz zu unterfüttern. Auf der Facebook-Seite beeinflußten die User maßgeblich die Fragen, welche diskutiert wurden bzw. überhaupt aufkamen. Für die Recherche auf den jeweiligen Schauplätzen wurden die Suchbegriffe „Migration", „Muslim" und „Spätaussiedler" bemüht. Auf facebook konnte keine Notiz zu den Rastern gefunden werden. Leider mangelte es an der Möglichkeit, nach bestimmten Themen zu suchen, und es wurde nicht die gesamte Chronik in Augenschein genommen.

Im Verlauf der Sondierung aller Internetauftritte kam zum Vorschein, daß, obschon *bundeswehr.de*, *einsatz.bundeswehr.de* und *bundeswehr-karriere.de* separate Seiten betrieben, die sich in ihrer Erscheinung sichtbar abgrenzten, die drei auf einen gemeinsamen Pool bei ihren Suchaufträgen zurückgriffen. Demgemäß stießen die Nachforschungen jeweils auf dieselben Treffer, welche nach ihrer Sichtung den einzelnen Onlinepräsenzen zugerechnet wurden.

4.6.1 Zum Suchbegriff „Migration"

Auf dieses Schlagwort hin bot die Seite *bundeswehr.de* einen für das Forschungsprojekt bedeutsamen Treffer: die „Forschungsplanung 2007-2009 des Sozialwissenschaftlichen Institutes der Bundeswehr" (SoWI 2008: 1). Dessen Projektion der Vorhaben bis 2009 sah vor, daß sich das SoWI dem Feld „Soldaten mit Migrationshintergrund" von der Warte aus nähern sollte, wie diese perspektivisch für die Personalgewinnung der Streitkräfte einzuordnen seien. Angestrebt wurde eine differenzierte Erarbeitung von Stärken und Schwächen dieses Szenarios. Im Mittelpunkt des Interesses standen die „größten Gruppen von jungen Deutschen mit Migrationshintergrund [...] (Spät-

Aussiedler und Migranten türkischer Herkunft)" (SoWI 2008: 16). Das Projekt harmonierte dabei inhaltlich nur stellenweise mit der Ausrichtung des Lehrforschungsprojekts. Es stützte sich prozedural auf zwei Säulen, wobei die erste ergründen wollte, „ob es die vermutete Zielgruppe für die Nachwuchsgewinnung der Bundeswehr auch tatsächlich gibt." (SoWI 2008: 58) Damit zielte das SoWI auf einen Personenkreis außerhalb der Streitkräfte ab, der für das Lehrforschungsprojekt ohne größeren Aufwand keinen Mehrwert produzierte. Anders verhielt es sich mit der zweiten Säule, die ihr Hauptaugenmerk auf die Organisation ‚Bundeswehr' legte. Den Ausgangspunkt des Vorhabens bildete dort die Befragung von Soldaten mit Migrationshintergrund, deren Vorgesetzte und Kameraden (SoWI 2008: 58f.). Folglich dürfte das Projekt partiell fruchtbare Daten bereitstellen.

Eingebettet in das Analysegerüst des Projekts mußte die gezeigte Projektierung als „Decision" beurteilt werden. Die Bundeswehr erfuhr eine gewisse Unsicherheit bei der Regeneration ihres Personal-Sollstandes, woraufhin sie dem SoWI auftrug, Menschen mit Migrationshintergrund unter Bezugnahme auf das drängende Problem „Nachwuchsgewinnung" zu beleuchten. Somit wurde zweierlei Selektion vergegenwärtigt. Erstens entschied die Bundeswehr, das SoWI mit der Aufgabe zu betrauen und keinen externen Thinktank oder ein Dezernat des Bundesministeriums der Verteidigung. Zweitens wurde präzisiert, auf welchen Gegenstand sich das Institut zu beschränken hatte: nicht ehemalige Soldaten oder eine spezielle Altersgruppe, sondern Jugendliche mit Migrationshintergrund. Nachstehend überlegte das SoWI, mit Hilfe welcher Methoden die „Decision" der vorgestellten Dienstebene bedient werden könnte. Legte man die sukzessive Konkretisierung der Problembearbeitung zugrunde, kristallisierte sich bei jeder Stufe gleichzeitig die Negierung von Alternativen heraus. Während die Streitkräfte Jugendliche mit Migrationshintergrund als abhängige Variable statuierten, engten sie den späteren Forschungsaufbau, d. h. die unabhängigen Variablen, spürbar ein. Da die Materialisierung der „Decision" nicht vorhergesagt werden konnte, beanspruchte die Entscheidung als solche die Qualität eines Outputs. Die Bundeswehr nutzte den Symbolwert, eine wissenschaftliche Studie zu dem betreffenden Komplex angestoßen zu haben, um als verantwortungsbewußte, zukunftsorientierte, inklusive Organisation rezipiert zu werden.

Ein Beispiel: „Truppenarzt mit syrischen Wurzeln" titelte *bundeswehr-karriere.de* unter Mitarbeiterporträts und Berufen im Sanitätsdienst (bundeswehr-karriere.de 2012b). Der Bericht beschrieb den Werdegang eines gebürtigen Syrers, der über ein formidables Abitur in Köln zum Studium der Humanmedizin Zugang erlangte und sich nach einiger Bewährung in der freien Wirtschaft für eine Laufbahn bei der Bundeswehr entschied (bundeswehr-karriere.de 2012b). Ähnlich wie im Artikel zu Muslimen im Auslandseinsatz, der unter der Überschrift „Muslime" ausführlich analysiert wurde, sollte die faktische Diversität im Dienstalltag anhand von praktischen Modellen mit Leben gefüllt werden. Die sich ihres Umfeldes bewußten Streitkräfte boten eine Anlaufstelle für jeden objektiv prädestinierten Bewerber, so lautete die Grundidee, welche plakatiert werden sollte. Unter den Mitarbeiterporträts der Streitkräftebasis entdeckte man den IT-Fw Hauptfeldwebel Waczlawiak und den Stabsgefreiten Domenik Hasheminasab, Waffen- und Gerätewart im Wachbataillon. Bei der Luftwaffe wurde der Hauptgefreite Marco Petruzelli, ein Luftwaffensicherungssoldat, eingeführt. Im Kontrast zum syrisch stämmigen Truppenarzt firmierten die Familiennamen der letztgenannten Soldaten zwar als Indizien für einen denkbaren Migrationshintergrund, der aber nicht vertieft wurde. Unbeschadet dessen zeugten diese Nachnamen vom multiethnischen Antlitz der Bundeswehr, auch in höheren Dienstgraden. All das konnte als kommunikatives Konstrukt verstanden werden, mit dem der Arbeitgeber die Botschaft untermauern wollte, daß sich die Bundeswehr angesichts eines Philipp Röslers als ehemaligem Vizekanzler seit langem der Bedeutung von Diversität gewahr war, und sie intensivierte ihre Bemühungen, diesen Aspekt in ihre Personalpolitik effektiv einzubinden.

Die Seite *bundeswehr-karriere.de* führte ferner die Rubrik „Karriere" auf. Dort wurde nach der Vorqualifikation bzw. einem breiten Spektrum an Verwendungsvarianten unterschieden und dem interessierten Besucher ein knappes Mitarbeiterporträt einzelner Tätigkeiten an die Hand gegeben. Auszugsweise wurden diese bereits beleuchtet. Eine merkliche Massierung von Soldaten mit Migrationshintergrund konnte nicht konstatiert werden; eher wurden sie bei den beigeordneten Abbildungen außen vorgelassen. Ausgenommen davon schien der Zweig des Freiwilligen Wehrdienstes. Hier sah man auf der Startseite zwei junge Mannschaftssoldaten mit einem vermeintlichen Migrationshintergrund. Weiterhin wurden zwei aus sechs Erfahrungsberichten von Soldaten angefertigt, deren Nachnamen Weronetzki und El Jarraz eindeutig auf einen Migrationshintergrund schließen ließen.

Der YouTube-Kanal offerierte ein Video mit der Überschrift „Gelungene Integration". Im Zusammenhang einer Reise des Verteidigungsministers Thomas de Maizière nach Ankara wurde der türkisch-stämmige Major Erhan

Wursawas und seine Perzeption der Situation als Soldat mit Migrationshintergrund in Augenschein genommen. Er hatte nach eigener Auskunft nie Schwierigkeiten oder Nachteile wegen seiner Herkunft erdulden müssen. Im Gegenteil verhielten sich seine Kameraden stets freundlich und zeichneten sich durch ihre Neugier aus. Sein Werdegang über die Unteroffizierslaufbahn bis in den Rang eines Stabsoffiziers validierte die geglückte Integration.

Dieses Video reihte sich paradigmatisch in die Reihe des Handlungsmodus „Talk" ein. Es kleidete dieselbe Botschaft wie die Artikel auf *bundewehr.de* bzw. die Berichte auf *bundeswehr-karriere.de* in ein neues Medium: den Film. Erneut konzentrierte sich die Organisation strukturell darauf, ihre Legitimation zu konsolidieren und Vertrauen zu erzeugen: ein profilierter Offizier, der den Bundesminister begleitete und sich hochgearbeitet hatte. Dabei sollte dem Rezipienten nicht die Person nähergebracht werden. Die Bundeswehr instrumentalisierte ihn als Blaupause. Denn nicht die Herkunft prädisponiere die Chancen in den Streitkräften; vielmehr obliege es dem Individuum und seinen Fähigkeiten, die ihm in den Streitkräften angemessene Rolle zu bestimmen.

4.6.2 Zum Suchbegriff „Muslime"

Verwendet man den Suchbegriff „Muslim" auf *bundeswehr.de*, wurden Anfang 2011 knapp 400 Treffer aufgelistet. Unter den ersten Vorschlägen erblickte man einen Artikel der *Y* von 2013 über den Hauptgefreiten Usama Pervaiz. Dessen Dienstalltag und Wahrnehmung der Bundeswehr aus der Perspektive als Muslim sowie Erfahrungen mit seinen Kameraden wurden dargestellt. Den Auftakt der Publikation bildete eine Schilderung seiner Erscheinung in Uniform, die mit dem Stereotyp eines Soldaten in allem korrespondierte. So hieß es: Allein „seine dunklen Augen und sein dunkler Teint lassen auf eine außereuropäische Abstammung schließen." (Maluche 2013) Daraufhin räumte er ein, nicht vollumfänglich den Ansprüchen seiner Religion während des Dienstes genügen zu können, was er einerseits als tolerable Folge seiner Anstellung ansah, andererseits kompensierte er dies mittels einer individuellen Gebetspraxis.[29] Im Kameradenkreis fühlte er sich vollends eingebettet. Als singuläres Störmoment diagnostizierte er die Truppenküche, die nicht in der Lage sei, befriedigende Kost unter der Prämisse muslimischer Glaubenserfor-

---

29 Vgl. Maluche (2013): „Ansonsten spreche ich meine Gebete am Tage nur still für mich in Gedanken. Das geht auch im Sitzen im Büro."

dernisse bereitzustellen. Das Aufeinandertreffen mit anderen Religionen war von Aufgeschlossenheit geprägt (Maluche 2013).

Der referierte Artikel wurde in den Bereich „Talk" eingruppiert. Dem Leser wurde durchweg ein vorteilhafter Einblick in die praktizierte Integration von Soldaten mit Migrationshintergrund und nicht-christlichem Glauben gewährt. Die Organisation achtete die Diversität der Umwelten, aus denen sie ihre Legitimation und Mittel akquirierte. Um wohl nicht die Glaubwürdigkeit ob des überstrapaziert wünschenswert skizzierten Exempels zu gefährden, streute der Autor die suboptimale Verpflegungslage ein. Der gesamte Text wollte den Rezipienten von der Botschaft überzeugen, in den Streitkräften werde Integration zur Normalität geronnenes Selbstverständnis. In dieselbe Stoßrichtung argumentierten die Veröffentlichungen „Als muslimischer Soldat im Heer – Spannungsfeld zwischen Beruf und Religion" (Wildemann 2012) und „Alles integriert oder was?" (Kelle 2007). Letztere datierte sechs Jahre vor der Nachzeichnung des Dienstgeschehens für einen muslimischen Soldaten. Sie bewegte sich auf einem breit orientierten, deskriptiven Level. Die Autorin leitete mit dem Hinweis ein, wie schwierig Soldaten mit Migrationshintergrund lokalisiert werden könnten, schließlich dienten nur Deutsche in der Bundeswehr. Im Anschluß konturierte sie die Aktualität des reflektierten Feldes, indem sie auf die angestoßene SoWI-Studie aufmerksam machte. Die sonstigen Absätze rückten Vorteile für die Streitkräfte oder die extensive rechtliche Berücksichtigung religiöser Gebote für einige Soldaten mit Migrationshintergrund ins Zentrum.

Ein Segment erörterte die „Defensivstrategie gegen Diskriminierung", was anzeigen sollte, daß sich Soldaten mit Migrationshintergrund teilweise überanpassen würden, um keine Nachteile fürchten zu müssen. Frau Kelle malte ein Bild, welches die Bundeswehr in ihrer Sollkonfiguration wiedergab. Trotz der obligatorischen Relativierung durch einen kritischen Einschub spiegelte der Y-Artikel „Talk" in Reinform. Der Text wurde nicht für einen Empfänger zu Papier gebracht, sondern unter Berücksichtigung seiner Normenschablone auf ihn zugeschnitten.

Auf dem Terrain von *bundeswehr-karriere.de* ließ sich folgende Darstellung in der Rubrik „Verwendungen im Ausland" ermitteln: „Als Muslim für die Bundeswehr im Auslandseinsatz" (bundeswehr-karriere.de 2012a). Der Beitrag beschäftigte sich mit einem gewichtigen Vorkommnis während des Auslandseinsatzes zweier Muslime im Kosovo. Der katholische Militärseelsorger vor Ort hatte den Soldaten ermöglicht, die Sinan-Pascha-Moschee in

Prizren zu besuchen, die seit 2003 von der UNESCO dem Weltkulturerbe zugeordnet wird. Die Muslime in Reihen der Bundeswehr zeigten sich zutiefst emotional berührt ob dieser Möglichkeit. „„Hier zu sein, ist etwas Einzigartiges. Hier zu beten, ist unbeschreiblich', erklärte der 26-jährige Stabsgefreite Fatih Ö." (bundeswehr-karriere.de 2012a). „Die Dankbarkeit spürt man besonders, wenn man dem 25-jährigen Hauptgefreiten Brahim Z. zuhört. [Er] kommt aus dem Schwärmen gar nicht mehr heraus. ,Ich danke allen, die dies hier ermöglicht haben', wiederholt er mehrmals" (bundeswehr-karriere.de 2012a). Ebenfalls drückte der verantwortliche Pastoralreferent seine Wertschätzung des gelungenen Besuchs der Moschee aus: „Als Seelsorger fühle ich mich auch für die muslimischen Soldaten in der Bundeswehr mitverantwortlich und wenn es möglich ist, versuche ich sie in ihrer Glaubensauslebung in allen Belangen zu unterstützen." (bundeswehr-karriere.de 2012a) Diese Impressionen bündelte der Autor, angereichert mit weiteren Zitaten der beiden Protagonisten, mit Blick auf die Integration und Rücksichtnahme auf religiöse Vorschriften zu der Synthese: „Sie sind ein eingeschworenes Team. Sie sind Kameraden." (bundeswehr-karriere.de 2012a) Die Essenz des Artikels verdeutlichte: Diversität in den Streitkräften stellte sogar in den angespannten Lagen der Auslandseinsätze kein Konfliktherd dar, und die Belange der Soldaten wurden unabhängig von ihrem religiösen Hintergrund geachtet, soweit gangbar (bundeswehr-karriere.de 2012a). Mit Rücksicht auf die Plattform des eben skizzierten Beitrages entsprach er ebenfalls dem Handlungsmodus „Talk".

Ex negativo exploriert, mangelte es bei dieser Quelle an Indikatoren für materielle Ausflüsse („Action") oder symbolische Akte seitens der Bundeswehr. Gewiß suchte der Bericht die Legitimität der Streitkräfte zu konsolidieren, wenn er im Austausch mit der Umwelt insistierte, die Organisation akzeptiere menschliche Vielfalt und richte sich insofern realisierbar an ihr aus. Die starke Symbolik deutete auf „Decision" hin; jedoch wurde keine Kontingenz minimiert. Der Verfasser instruierte die Idee einer verantwortlich mit ihren Soldaten verfahrenden Bundeswehr, ungeachtet eines eventuellen Migrationshintergrundes.

Ein Anhaltspunkt für „Action" offenbarte *bundeswehr.de* mit der Verlinkung zum „Arbeitspapier Deutsche Staatsbürger muslimischen Glaubens in der Bundeswehr" (Elßner/Krauß 2007; Elßner/Neuser 2011).[30] Konzipiert wurde diese Handreichung vom Zentrum Innere Führung, welches einem ausführenden Organisationslevel in der Bundeswehr zugesprochen werden durfte. Inhaltlich stachen klare Informationsbestände hervor, die fortwährend auf eine zweite Sphäre hinsteuerten, die nachdrücklich der Einordnung als „Action" Evidenz verliehen: nämlich substantielle Empfehlungen für eine effektive Kooperation mit Soldaten muslimischen Glaubens zu geben. Der Datentransfer gestaltete sich dabei deduktiv. Die ersten Kapitel trugen Überschriften wie „Geschichte und Grundbegriffe des Islam" oder „Die religiösen Pflichten". Je weiter man im Arbeitspapier voranschritt, desto kleinteiliger fielen die Titel aus, zum Beispiel „Zu den Begriffen Fundamentalismus und Islamismus" bis hin zu „Problembereiche des Dienstalltags" (Elßner/Neuser 2011: 5f.). In Abgrenzung zu „Talk" wurde mit diesem Dokument etwas Greifbares produziert. Zudem generierte es Sicherheit: der vitale Wesenszug von „Action". Vorgesetzte konnten ihre Entscheidungen auf den Sockel dieses Arbeitspapieres gründen. Entschlüsse leiteten sich in einigen Konstellationen erst ex post von Taten ab, denn die in extenso vorliegende Verschriftlichung eines Leitfadens für richtiges Handeln durch das Zentrum Innere Führung engte Kontingenz signifikant ein, so daß entsprechende „Decisions" per se Unsicherheit entbehren sollten.

Abschließend konnte festgehalten werden, daß sich die Organisation ‚Bundeswehr' in erster Linie des „Talk" bediente und „Decisions" bzw. „Actions" nicht minder frequent abliefen, jedoch nicht auf den Internetseiten aufgelistet wurden. Im Sinne eines Subresümees mußte die These Brunssons bejaht werden, da „Talk" überproportional vorgefunden wurde und die sich kausal daraus ergebenden Entscheidungen respektive Taten nicht ohne weiteres ans Licht der Öffentlichkeit gerieten. So lag die Vermutung nahe, daß sich Diskontinuitäten bei „Talk", „Decision" und „Action" in der Bundeswehr nicht eliminieren ließen.

4.6.3 Zum Suchbegriff „Spätaussiedler"

Als ein weiterer Befund bezüglich *bundeswehr.de* wurde die folgende Abbildung mit dem Text aufgeführt: „Die Bundeswehr hatte im Jahr 2001 mehr als

---

30 Vgl. in diesem Zusammenhang Tomforde (2012) sowie Michalowski (2012), die einen Ländervergleich zwischen Deutschland und den USA in Bezug auf den Umgang mit religiöser Diversität im Militär vorgelegt hat.

10.000 Soldaten ausländischer Abstammung, darunter rund 6.500 Spätaussiedler in ihren Reihen. Etwa 1.700 Soldaten besitzen als Kinder oder Enkel eingewanderter Gastarbeiter eine doppelte Staatsbürgerschaft." (Wilke 2013)

Unter den auf dem Bild zu erkennenden Soldaten befand sich ein Soldat mit augenscheinlich dunkler Hautfarbe und ein arabisch bzw. nordafrikanisch erscheinender Soldat (Abb. 7). Inwiefern Spätaussiedler aufgezeigt wurden, vermochte das Foto nicht deutlich zu transportieren. Kontextualisierte man es mit dem dazugehörigen Wortlaut, zielte es darauf ab, dem Betrachter zu suggerieren, wie Integration in der Bundeswehr gelebt wurde. Die Legitimität der Streitkräfte sah man darin bestätigt, daß Soldaten mit Migrationshintergrund in der Gemeinschaft angekommen seien und in ihr aufgehen würden. Im Grunde wirkten sie derart naturalisiert, daß der Versuch, ihnen exogen das Alleinstellungsmerkmal „mit Migrationshintergrund" angedeihen zu lassen, gegenläufig zu jedweder Realität in der Bundeswehr gewesen wäre. Die Aufnahme konnte dem Handlungsmodus „Talk" zugeordnet werden, da es offensiv in eine Wechselwirkung mit dem Empfänger trat. In dieser bewies die verantwortungsvolle Bundeswehr den gelungenen Einbeziehungsprozeß von Soldaten mit Migrationshintergrund.

Abbildung 7: Soldaten mit Migrationshintergrund[31]

31   Quelle: www.readersipo.de/portal/a/sipo/!ut/p/c4/TYtLCgIxEERvlB7TTCLuPIWO
G0mm26EhP2J0PL4JbuTBK4qi4Aad5N6yuSY5uQBXWFY5-V35nfj-lJLVR0UmcV4
CwWUciNWaE7fhxqlJ91Zdy1WVXFsYy6vWvighWPCAMx41I6LuHg17Q4_WGtOsI
WPQmkdHW6enHzhDifH8BW2QOO0!/)

4.7   Die SoWI-Studie

Um den Hintergrund der militärischen Situation zu betrachten, wurde die Studie des Sozialwissenschaftlichen Instituts der Bundeswehr (SoWI) zu dem Thema „Das Integrationspotenzial von Streitkräften in Migrationsgesellschaften" herangezogen, welche auf einer bundeswehrinternen Umfrage, der Streitkräftebefragung von 2009, basierte.[32] Sie sollte als Bezugsrahmen gegenüber der gesamtgesellschaftlichen Situation Deutschlands dienen, welche empirisch durch die Ergebnisse des Zensus 2011 dargestellt wurde.[33] Die Ergebnisse der Befragung der Bundeswehrangehörigen und die Daten des Zensus 2011 sollten hinsichtlich der Integrationsthematik miteinander verglichen werden, um die Aussage zu überprüfen, die Bundeswehr sei ein „Spiegel der Gesellschaft".[34]

Eine umfassendere Analyse fiel an dieser Stelle allerdings schwer, da keine (öffentlich zugänglichen) empirischen Untersuchungen vorlagen, die sich ausschließlich mit dem Gegenstand „Deutsche Soldaten mit Migrationshintergrund" befaßten. Bei der Recherche zu diesem Thema stieß man lediglich auf Äußerungen zur Handhabung der Themenstellung im konkreten Dienstalltag und auf politische sowie militärische Absichtsbekundungen, die sich überdies auf interkulturelle Kompetenzen deutscher Soldaten bezogen. Wenig und wenig Explizites wurde außerdem zum bundeswehrinternen Proporz berichtet, obschon es offenkundig zahlreiche Bundesbürger mit Migrationshintergrund gab, die ihren Dienst in den deutschen Streitkräften leisteten.

---

32   Im SoWI-Forschungsprojekt „Streitkräftebefragung" wurden 2009 2.317 Soldaten und Soldatinnen per Zufallsstichprobe ausgewählt und mittels eines schriftlichen, standardisierten Fragebogens anonym befragt. Die Auswertung wurde SPSS-gestützt durchgeführt, vgl. Langer 2010: 6.

33   Quelle: ergebnisse.zensus2011.de, Zugriff am 3.08.2013. Die Korrekturen der Schätzungen des Mikrozensus durch die Volkszählung 2011, bzgl. der Bevölkerung Deutschlands insgesamt, aber auch den in Deutschland ansässigen Ausländern, deuten gegenüber der Studie „Das Integrationspotenzial von Streitkräften in Migrationsgesellschaften" von Herrn Langer abgeschwächte Ergebnisse an.

34   Die Definition eines Migrationshintergrundes ist aus dem Zensus übernommen und wird als ein Merkmal verstanden, welches angibt, „ob eine [sic!] Person einen Migrationshintergrund aufweist oder nicht. Als Personen mit Migrationshintergrund werden alle zugewanderten und nicht zugewanderten Ausländer/-innen sowie alle nach 1955 auf das heutige Gebiet der Bundesrepublik Deutschland zugewanderten Deutschen und alle Deutschen mit zumindest einem nach 1955 auf das heutige Gebiet der Bundesrepublik Deutschland zugewanderten Elternteil definiert. Ausländer/-innen sind Personen, die nicht die deutsche Staatsangehörigkeit besitzen." Zensus 2011.

4.7.1 Faktenlage und Bewertung

Nach den Zahlen der Volkszählung 2011 war die Bevölkerung Deutschlands zu dieser Zeit auf circa 80,2 Millionen Menschen einzuschätzen. Menschen mit Migrationshintergrund machten davon knapp 18,9 Prozent aus. Davon besaßen drei Fünftel (dies waren rund 11,3 Prozent der gesamten Bevölkerung Deutschlands) die deutsche Staatsbürgerschaft, die übrigen zwei Fünftel nicht. Dies waren fast sechs Millionen Menschen, die auf Grund der deutschen Gesetzeslage vom Dienst in der Bundeswehr ausgeschlossen waren.[35] In der Studie Langers (2010) wurde darauf verwiesen, daß Soldaten mit Migrationshintergrund rund zwölf Prozent der militärischen Streitkräfte repräsentierten. Dabei war der Großteil der Soldaten und Soldatinnen in Deutschland geboren (rund acht Prozent), und lediglich eine Minderheit von fünf Prozent besaß einen eigenen Migrationshintergrund qua Geburtsort. Ein Vergleich der Anteile von Menschen mit Migrationshintergrund an der deutschen Bevölkerung und in der Bundeswehr ließ den Schluß zu, daß die Bundeswehr sich rein quantitativ der Metapher „Spiegel der Gesellschaft" annäherte, damit einhergehend aber weit weniger integrationsstark war als bis dahin angenommen.

Eine detailliertere Einsicht in die Daten Langers zeigte auf, daß die überwiegende Mehrheit der Kameradinnen und Kameraden mit Migrationshintergrund selbst keine eigenen Zuwanderungserfahrungen gemacht hatten, sondern bereits in zweiter Generation in Deutschland lebten. Wobei die größte Subgruppe mit über 40 Prozent aus dem Großraum der ehemaligen Sowjetunion und Osteuropa (insbesondere Polen) stammte; 36 Prozent hatten ihre Wurzeln im europäischen Ausland, und mit je fünf Prozent waren Menschen aus dem nordamerikanischen Raum oder muslimisch geprägten Kulturkreisen vertreten.

Stellt man dem die acht Prozent derer, die keinen eigenen Migrationshintergrund mitbrachten, also die in Deutschland geboren wurden und deren Eltern oder ein Elternteil immigrierten, gegenüber, war zu erkennen, daß die Varianz an Migrationskontexten erheblich vielfältiger war. Ein Großteil immigrierte demnach aus osteuropäischen Staaten. Mit 13 Prozent war der Anteil der Menschen aus islamisch geprägten Ländern, vorwiegend der Türkei,

---

35   Vgl. das Gesetz über die Rechtstellung der Soldaten, Abschnitt 2 § 37 Abs. 1.1.

jedoch bedeutend größer.[36] Betrachtete man die Zahlen, schien es umso interessanter zu sein, daß, wie im Abschnitt zur Vorschriftenlage heraus gearbeitet wird, bezüglich des Zusammenhangs von Migration und Bundeswehr tendenziell die Neigung bestand, die Integration von Soldaten islamischer Prägung zu fokussieren – wider der empirischen Realität.

Auch wenn die Befragung nicht repräsentativ für die Verhältnisse der Bundeswehr war, zeigte Langer in soziodemographischen Merkmalen signifikante Unterschiede zu Soldaten ohne Migrationserfahrung auf (Langer 2010: 8). So konstatierte er, daß die erfaßte Gruppe mit Migrationserfahrung einen geringeren Altersdurchschnitt, anteilsmäßig mehr männliche Soldaten und ein formal niedrigeres Bildungsniveau verzeichnete. Strukturell konnte festgestellt werden, daß die Verteilung der Betroffenen auf die verschiedenen Dienstgradgruppen und dienstlichen Perspektiven derart ausfiel, daß Soldaten mit Migrationshintergrund in den Reihen der Offiziere und beim Anteil der Berufssoldaten sehr stark unterrepräsentiert waren. Die meisten konnten in der Mannschafts- oder Unteroffizierslaufbahn als Soldat auf Zeit verortet werden, wobei in diesem Kontext die bis vor kurzem geltende Wehrpflicht eine ganz entscheidende Rolle gespielt hatte. Mit dem Aussetzen der Wehrpflicht und dem daraus folgenden zwangsläufigen Ausbleiben von Berührungspunkten stellte sich die Frage: Wie attraktiv eine Verpflichtung bei der Bundeswehr für Menschen mit (und ohne) Migrationshintergrund noch sei?

In Erwägung dieser Fragen rückte der Aspekt in den Vordergrund, wie die Bundeswehr, die sich, als in multikulturellen Kontexten operierende Einsatzarmee und ob ihrer Außenwirkung, durchaus der Integrationsnotwendigkeit von Menschen mit Migrationshintergrund bewußt war, konkret mit der Problematik umging.[37]

36   Diese Angabe bezieht sich auf die Gesamtheit der Soldaten mit Migrationshintergrund. Auf die gesamte Bundeswehr bezogen machen die Kameraden einen Anteil von weniger als 0,5 Prozent aus, vgl. Langer 2010: 6f.

37   So wird vielfach auf den praktischen Mehrwert hingewiesen, den die Ressourcen und Erfahrungen von Soldaten aus fremden Kulturkreisen einzubringen versprechen. Als Schlagwort in dem Zusammenhang sei interkulturelle Kompetenz genannt, vgl. Bundesregierung (2010): Pressemitteilung 260 vom 13.07.2010.

4.7.3 Zur Einordnung nach „Talk", „Decision" und „Action"

Die empirische Faktenlage verdeutlichte in der Hauptsache die „Action"-Ebene, spiegelte sich doch insbesondere hier die Praxis wider. Bei Betrachtung dieser Situation zeigte sich, daß hinsichtlich des Aspektes „Migration" eine eher bescheiden anmutende Legitimationsgrundlage für die Bundeswehr erreicht wurde. Rein *quantitativ* konnte sie zwar Integrationspotential vorweisen; jedoch schien dies nicht der bundesdeutschen Migrationsrealität zu entsprechen, da der größte Anteil von Migranten in Deutschland (Menschen v. a. türkischer Herkunft) kaum inkludiert war. Über die *Qualität* der Integrationskapazitäten in den deutschen Streitkräften konnte im Vergleich relativ wenig gesagt werden. Obschon die Bundeswehr durch den Handlungsmodus „Talk" ein gewisses Bewußtsein für die Bedeutung als „Spiegel der Gesellschaft" besaß und die Bedeutung von interkultureller Kompetenz signalisierte, belegte die Empirie, daß kaum weitergehende Karriereperspektiven offeriert wurden. Das Gros des rekrutierten Nachwuchses mit Migrationshintergrund fand bislang über die Wehrpflicht zur Bundeswehr, und wenn es zu einer Weiterverpflichtung kam, dann meist auf unteren Dienstgradebenen. Die Bundeswehr sah sich damit offenkundig mit dem bereits im Theoriekapitel erläuterten Umsetzungsproblem konfrontiert. Entscheidend beeinflußt wurde die Umsetzung nicht zuletzt durch die „Decision"-Dimension, da die (politischen und damit bundeswehr*extern)* getroffenen Entscheidungen – zur Gründung der Bundeswehr die deutsche Staatsbürgerschaft per Gesetz zur Wehrdienstbedingung gemacht zu haben und 2011 die Wehrpflicht nach 55 Jahren auszusetzen – das Rekrutierungspotential zu mindern imstande waren.

4.8 Zum Stand der Integration im institutionellen Gefüge der Bundeswehr

Wie alle größeren Organisationen nutzt auch die Bundeswehr ein dichtes Geflecht von Dienststellen und Entscheidungszentren auf unterschiedlichen Ebenen, um Maßnahmen vielfältiger Art zu produzieren. Neben der Erreichung der Organisationsziele sind auch die Verwaltung und Steuerung der Organisationsmitglieder durch diese Stellen zu leisten. Dabei kann angenommen werden, daß sich die Struktur gewissen funktionalistischen Prinzipien unterordnet.[38] Somit ist die Hypothese statthaft, daß sich eine wichtige gesell-

---

38 Die Theorien des Funktionalismus bzw. Neo-Funktionalismus gehen u. a. davon aus, daß

schaftspolitische Frage, wie die Integration von Soldaten mit Migrationshintergrund, im institutionellen Gefüge einer Organisation wie der Bundeswehr nachweisbar niederschlagen müßte. Freilich setzt dies voraus, daß dieses Thema für die Organisation von Bedeutung ist. Daher war es im Rahmen des Lehrforschungsprojektes eine berechtigte Frage, ob und wenn ja, in welchem Maße sich die Integration von Soldaten mit Migrationshintergrund innerhalb der Bundeswehr institutionell manifestieren würde. Wäre dies der Fall, müßten sich Dienststellen oder Dienstposten innerhalb der offiziellen Struktur der Streitkräfte finden lassen, die für dieses Themengebiet zuständig sind. Dabei können dafür, je nach Selbstverständnis und Organisationskontext, unterschiedliche Rollen und Aufgabenbereiche innerhalb des inneren Gefüges zuständig sein (Abraham/Büschges 2009: 160).[39]

Grundsätzlich kann im Rahmen der Bundeswehr zwischen zwei Arten der Befassung eines Aufgabenträgers oder einer Dienststelle mit einer Fachfrage unterschieden werden: Entweder ist eine bestimmte Stelle nach ihrer Dienstbeschreibung für diese Aufgabe insgesamt zuständig,[40] oder einem bestimmten Dienstposten wurde die Verantwortung über ein bestimmtes Teilgebiet übertragen, das nicht notwendiger Weise mit dem Hauptaufgabenge-

Körperschaften im Laufe ihrer Tätigkeit ein Design annehmen, welches ihnen ermöglicht, die zugewiesenen Aufgaben effizient und effektiv zu bewältigen (das „form follow function"-Prinzip). Für die Bundeswehr kann angenommen werden, daß sich aufgrund der hohen Verwaltungs- und Entscheidungsleistungen im Grundbetrieb wie im Einsatz Formen herausgebildet haben, die diesen Anforderungen zumindest in einem gewissen Maße gerecht werden. Weitere Überlegungen zu diesen Theorien vgl. Jetzkowitz/Stark 2003.

39   In diesem Abschnitt wird „Rolle" als Summe aller Erwartungen und Kodizes verstanden, denen sich sowohl ein Individuum als auch eine bestimmte Institution (Referat, Stabsabteilung, Amt) ausgesetzt sehen kann. Dabei kann es vorkommen, daß diese Rolle eng mit den eigentlich kodifizierten Aufgaben und/oder Dienstbereichen korreliert, weshalb Rolle und Aufgabenbereich im Zuge der vorliegenden Betrachtung einen wesentlich engeren Zusammenhang haben, als sonst in der Soziologie üblich und zum Teil als synonym angesehen. Ferner gilt es zu bedenken, daß innerhalb der Bundeswehr auch bestimmte Institutionen eine Rolle zugeschrieben bekommen und/oder sich entsprechend „verhalten". Dies trifft vor allem für die Prägung der einzelnen Teilstreitkräfte zu, die unterschiedliche Organisationskulturen an den Tag legen.

40   In solchen Fällen handelt es sich in der Regel um die Hauptaufgabe der jeweiligen Dienststelle. Beispiele hierfür sind die Zuständigkeit der Stabsabteilung 1 für Personalführung oder der Stabsabteilung 6 für Nachrichten- und Fernmeldewesen oder des Sanitätsamtes der Bundeswehr für alle fachlichen Gesundheitsfragen innerhalb des Militärs. Solche Stellen sind der Regel auch speziell für die Erfüllung der vorgesehenen Aufgaben zuständig.

biet in einem engeren Zusammenhang steht.[41] Diese Unterscheidung leitete den Feldzugang.

4.8.1 Einordnung in den theoretischen Kontext

Die Einrichtung von Zuständigkeiten und Dienststellen innerhalb militärischer Organisationen kann im Sinne der Theorie Brunssons unterschiedlich bewertet werden. Zunächst lassen sich die Einsetzung von Beauftragten und die Verteilung von Zuständigkeiten zunächst als „Decision" und sogar als „Action" werten, also die Materialisierung einer konkreten Struktur. Zugleich ist damit aber auch „Talk" möglich. Dies ist vor allem der Fall, wenn eine politisch brisante Frage rasch und mit Ergebnisdruck an eine Organisation als Entscheidungsapparat herangetragen wird. Vergangene Beispiele sind gesellschaftlich relevante Themenfelder wie der Datenschutz oder die Gleichstellung von Mann und Frau im beruflichen Leben. Allein die Ernennung eines Datenschutzbeauftragten kann so als „Talk" eingeordnet werden. Anfragen der Öffentlichkeit oder der Presse lassen sich dann zeitnah und bequem mit einem Verweis auf dieses Amt beantworten. Die Existenz eines solchen Amtes vermittelt in der Außenkommunikation den Eindruck des Handelns und schafft damit für die Organisation die Möglichkeit, alle Diskussionen, Anfragen oder Kritiken zu dem jeweiligen Themenpunkt erst einmal in den jeweiligen Fachbereich weiterzuleiten und sich infolge dessen anderen Dingen widmen zu können. Der allgemeine Verantwortungsdruck und das öffentliche Interesse werden kanalisiert und damit Kapazitätsmanagement zu geringen organisationalen Kosten betrieben. Daß die Verantwortung für einen solchen Bereich durch eine bestimmte Dienststelle institutionalisiert wird, heißt aber

---

41 Dies ist vor allem der Fall, wenn es sich um Sonder- oder Spezialaufgaben handelt, für die (noch) keine eigene Dienststelle eingerichtet wurde. Hierbei sind unterschiedliche Zuordnungsverfahren zu beobachten. So kommt es vor, daß Aufgaben analog zur Hauptaufgabe zugeordnet werden (beispielsweise daß sich der Controller auch um die wohltätigen Geldsammlungen der Einheit kümmert), daß einzelne Dienstposteninhaber aus persönlichem Interesse oder Qualifikation die Aufgabe wahrnehmen (beispielweise die Spezialausbildung zum Betreiben einer Abseilstelle, weil der entsprechende Ausbilderschein bei der Person vorhanden ist) oder daß eine Zuordnung personalisiert entstand, aber nach Wechsel des Dienststelleninhabers die Zuständigkeit an dessen Nachfolger ungeachtet dessen persönlichen Interessen übergehen. So ist zum Beispiel in einem Verband der S4 Offizier immer der nebenamtliche Sportoffizier, weil einer seiner Vorgänger aufgrund eigener Sportlichkeit den Posten bekam, dieser aber unbeschadet an den Nachfolger auf dem Dienstposten übergeht, ungeachtet von dessen Interessenlage.

noch nicht, daß diese Verantwortung dort auch genutzt wird, um Entscheidungen zu produzieren, welche – projiziert auf die Gesamtorganisation – die Qualität einer „Decision" aufweisen.

Zweitens ist es möglich, die Verteilung von Verantwortung innerhalb einer Organisation als „Decision" zu begreifen. Sofern der Vorgang offiziell geschieht, wird er in der Regel schriftlich kodifiziert und erlangt durch ein offizielles Verfahren Geltungskraft. Beides deutet auf „Decision" hin, wie die offizielle Übertragung von Verantwortung. Damit der Akt vollständig als „Decision" klassifiziert werden kann, erscheint es jedoch unerläßlich, daß auch die neuen Stellen nicht nur die Verantwortlichkeit zugeschrieben bekommen, sondern die Verantwortung auch tatsächlich wahrnehmen und aktiver, Entscheidungen produzierender Teil der Organisation werden.

Drittens gibt es nach Brunsson die Möglichkeit, die Existenz einer Dienststelle unter dem Aspekt „Action" zu betrachten. Im Falle der Integration von Soldaten mit Migrationshintergrund ergaben sich jedoch Zweifel, ob die Bedingungen für diese Möglichkeit erfüllt waren. Denn das Wesen von „Action" schien in diesem Falle – so der Befund der Untersuchung – auf eine vergleichsweise bescheiden angelegte Zuständigkeit beschränkt zu sein, durch die das Handeln anderer Mitglieder der Organisation ‚Bundeswehr' kaum beeinflußt wurde. So waren bis auf die Besetzung eines Büros oder einen Eintrag in ein Telefonverzeichnis die erlebbaren Konsequenzen aus diesem Verwaltungsakt minimal. Mithin konnte von „Action" im Sinne der Theorie so gut wie gar nicht gesprochen werden, solange nicht ein zweiter Schritt gegangen wurde. Dieser betraf die Wahrnehmung der Verantwortlichkeit im Rahmen der Erteilung von bindenden Weisungen und weitere Maßnahmen (was aber nicht mehr Gegenstand dieses Untersuchungsteiles war).

Zusammenfassend läßt sich sagen, daß sich die Bundeswehr bei einem positiven Befund über das Vorhandensein einer solchen Zuständigkeit für die Integration von Soldaten mit Migrationshintergrund institutionell überwiegend noch auf der Ebene „Talk" befand und nur selten „Decisions" traf.

4.8.2 Das methodische Vorgehen

Um festzustellen, ob die Integration von Soldaten mit Migrationshintergrund in den jeweiligen Dienststellen institutionell verankert war, wurden verschiedenste Dienststellen nach dem Vorhandensein von Aufgabenträgern befragt, die sich mit diesem Themenfeld beschäftigten. Die Sondierung fand über den

Weg der einfachen und nicht speziell autorisierten Außenanfrage statt.[42] Diese erfolgte telephonisch. Dazu wurde wegen bürokratischer Hürden keine gesonderte Genehmigung durch das Verteidigungsministerium oder andere vorgesetzte Dienststellen eingeholt. Außerdem wurden die angesprochenen Dienststellen vor dem ersten Anruf nicht über den bevorstehenden Kontaktversuch informiert. Zwar hätte eine Genehmigung durch das Ministerium dazu führen können, daß die Anfragen mit weniger Ressentiments und höherem Verbindlichkeitsgrad durch die kontaktierten Dienststellen behandelt worden wären; durch die enorm begrenzte Zeit des Forschungsprojektes und die zeitlich gestreckten Genehmigungsabläufe innerhalb der Ministerialbürokratie erschien ein solches Vorgehen aber nicht vielversprechend.

Der Erstkontakt wurde so gewählt, daß in der Regel in den Stabsabteilungen 1 oder 3 die Suche nach einem Ansprechpartner begonnen wurde.[43] Um mit den entsprechenden Abteilungen verbunden zu werden, wurde die Zentralvermittlung der Bundeswehr genutzt. Diese Dienststelle ist über das öffentliche Telefonnetz zu erreichen und hat eine umfassende Aufschlüsselung aller Fernsprechanschlüsse innerhalb der Streitkräfte zur Verfügung. Somit war nur die Kenntnis der Struktur „Dienststelle" und des gewünschten Dienstbereiches notwendig, um in die entsprechenden Büros weitervermittelt zu werden, ohne vorher durch aufwendige Recherche konkrete Ansprechpartner zu filtern und zu rekrutieren.

---

42 An dieser Stelle wird zwischen „Außenanfragen" und „Innenanfragen" unterschieden. Bei Außenanfragen handelt es sich um Nachfragen oder Recherchen, die von einer Person oder Körperschaft an die Dienststelle herangetragen werden, die kein militärisches oder anderweitig gesetzlich begründetes Auskunftsrecht gegenüber der Dienststelle genießt. Hingegen gilt als Innenanfrage, welche meist von einer vorgesetzten Dienststelle kommt und mit einem Berichts- und/oder Gehorsamsanspruch gegenüber der angefragten Dienststelle versehen ist. Auch ist der Verbindlichkeitsgrad der Innenanfrage höher. Sie wird zumeist schriftlich gestellt und verlangt eine schriftlich fixierte Antwort, auf die später einfacher rekurriert werden kann. Ob Außenanfragen durch bestimmte privilegierte Gruppen wie der Presse eine Sonderrolle einnehmen, kann nicht mit Sicherheit gesagt werden. Dieser Schluß liegt aber nahe, da Presseanfragen im Gegensatz zu Anfragen von anderen Stellen schriftlich dokumentiert werden und nur von privilegierten Auskunftspersonen beantwortet werden dürfen.

43 Die Stabsabteilung 1 beschäftigt sich mit der Führung und Planung von Personal, der Inneren Führung sowie der Stellenplanung. Die Stabsabteilung 3 hat in der Regel die Aufgabe der Organisation, wozu auch das innere Gefüge und institutionelle Geflecht innerhalb der Arbeitsstruktur gehört, vgl. ZDv 64/1 (VS-NfD): Stabsdienstordnung der Bundeswehr, Nr. 542 ff.

In den meisten Fällen waren es subalterne Dienstgrade oder die mittlere Entscheiderebene, welche direkt am Telefon erreicht werden konnten. Sowohl beim Erstkontakt als auch bei allen weiteren Kontakten während der Befragung gab sich der Fragende mit Dienstgrad, Klarnamen und Dienststelle „Universität der Bundeswehr Hamburg" zu erkennen. Die deutliche Betonung der Einordnung in den militärischen Zusammenhang sollte die aufgezeigten Nachteile der Außenanfrage möglichst ausgleichen, was in den meisten Fällen auch gelang. Auf Wunsch einzelner Dienststellen nach weiterer Autorisierung wurde postalisch bzw. elektronisch ein Brief mit dem Briefkopf des projektleitenden Lehrstuhles versandt, in dem Angaben über das Projekt gemacht und um weitere Unterstützung gebeten wurde. So konnten die Bedenken, am Telephon oder per Email eine Auskunft über interne Dienstabläufe zu erteilen, bei allen bis auf drei Dienststellen ausgeräumt werden. Im Laufe der Telephongespräche und Mailkontakte wurde dann zunächst versucht herauszufinden, welche Dienststelle für die Integration von Soldaten mit Migrationshintergrund zuständig war. Dabei wurde über Nachfragen zur Zuständigkeit in verwandten Bereichen, in über- und nachgeordneten Dienststellen, auch versucht, den Aufgabenbereich genauer zu identifizieren, falls dieser mit einer anderen Bezeichnung versehen worden wäre. Gleichzeitig wurde mit relevanten Entscheidern kommuniziert, ob und wenn ja, warum beziehungsweise in welchem Maße die Integration von Soldaten mit Migrationshintergrund im institutionellen Gefüge der Bundeswehr vertreten sein sollte.

Während der Gespräche wurden Aussagen und Informationen stenographisch in Stichpunkten und einzelne, aussagekräftige Zitate wortwörtlich mitgeschrieben. Nach jedem Telefongespräch wurden Arbeitsnotizen und bei längeren Gesprächen ein Gedächtnisprotokoll erstellt.[44] Auch wurden nach längeren Telephonaten alle Notizen noch einmal in Reinschrift übertragen, so daß die Informationskontinuität dieser Feldnotizen gewahrt werden konnte.

---

44 Zahlreiche der über 150 Telefonkontakte waren Gespräche, die keinen direkten inhaltlichen Fortschritt erbrachten, sondern nur eine Weiterleitung an eine vermeintlich kompetentere Gegensprechstelle nach sich zogen oder dazu dienten, das Informationsbild der Untersuchung allgemein zu verdichten, ohne faßbare Einzelergebnisse zu produzieren. Größere Notizen oder Gedächtnisprotokolle wurden in der Regel für Telefonate mit einer Dauer über drei bis fünf Minuten angefertigt. Die längsten Gespräche (etwa 10 Prozent der Anrufe) dauerten länger als 15 Minuten.

4.8.3 Auswahl der untersuchten Dienststellen

Sowohl die Größe der untersuchten Organisation ‚Bundeswehr' als auch die begrenzten Ressourcen und die knapp bemessene Untersuchungszeit machten eine Eingrenzung der anzusprechenden Dienststellen notwendig. Dabei wurde der Top-Down-Ansatz gewählt. Dies läßt sich mit mehreren Faktoren rechtfertigen. Einerseits haben kleinere Einheiten und Verbände nicht die Möglichkeit, sich mit allen Aspekten der militärischen Policy zu beschäftigen. Auf der Ebene der Kompanie, aber auch der Bataillone, Regimenter und Brigaden, gehen die meisten Energien in die praktische Verwaltung und die Erfüllung des Organisationszieles.[45] Hier war also keine Manifestation des generell noch gering beachteten Themas „Integration von Soldaten mit Migrationshintergrund" zu erwarten. Außerdem wurde davon ausgegangen, daß sich ein Fund auf höherer Ebene eher im nachgeordneten Bereich widerspiegeln könnte, während umgekehrt eine Einrichtung im nachgeordneten Bereich mit oder ohne Wirkung auf einen vorgesetzten Bereich dem militärischen Ordnungsprinzip widerspräche und daher als abwegig anzusehen war.

Überdies wurde entschieden, sich mit der Befragung des Verteidigungsministeriums allein nicht zufrieden zu geben. Unterhalb der ministerialen Ebene finden in den höheren Kommandostrukturen zahlreiche Entscheidungen statt, welche zwischen den Teilstreitkräften und Organisationsbereichen durchaus unterschiedlich sein können und einen wesentlichen Einfluß auf die Organisationskultur des jeweiligen Bereiches haben können.[46] So ist es bereits in der Verantwortungsstruktur der Inneren Führung angelegt, daß die Teilstreitkräfte die Vorgaben aus dem Verteidigungsministerium für die speziellen Erfordernisse ihres Geschäftsbereiches anpassen und einen nicht unwesentlichen Kanon an Weisungen, Vorschriften und anderen bindenden Dokumenten für ihre Bereiche eigenständig produzieren. Außerdem wird jede Teilstreitkraft im Ministerium durch einen Führungsstab vertreten, der auf der politischen Ebene die Steuerung für den jeweiligen Bereich übernimmt.

---

45 Gemeint ist die Ausbildung von Soldaten für den Einsatz und notwendige Aufgaben im Friedensbetrieb sowie andere sich aus dem Grundgesetz ergebende Pflichten.

46 Die Inspekteure der Teilstreitkräfte und Organisationsbereiche sowie die jeweiligen Kommandeure bis auf die Divisionsebene besitzen mitunter beachtliche Spielräume in der Ausgestaltung des Dienstalltags und allgemeiner Vorgaben für ihren Bereich. Ein Beispiel ist das Tragen von Truppführerkordeln in unterschiedlichen Farben als Kompaniezuordnung innerhalb der 1. Panzerdivision, die so in der Vorschrift nicht festgehalten ist.

Als Teilstreitkräfte gelten Heer, Luftwaffe und Marine. Ihnen gleichgestellt sind die Organisationsbereiche Streitkräftebasis und Zentraler Sanitätsdienst. Im Spitzenbereich sind diese Körperschaften gleich gegliedert. Jeder Bereich besitzt demnach ein Führungskommando, welches alle nachgeordneten Dienststellen truppendienstlich führt (beispielsweise Heeresführungskommando). Unter dessen Führung, aber in verschiedenen Fachbelangen gleichgestellt, sind die Ämter der Streitkräfte (beispielsweise Heeresamt). Diese sind vor allem für die Ausbildung und die fachliche Weiterentwicklung zuständig. Unterhalb dieser obersten Ebene der Teilstreitkräfte nimmt die Anzahl der produzierten Dokumente mit prägendem Grundlagencharakter für die nachgeordnete Bereiche rapide ab. Obwohl auf Höhe der Divisionen oder Bataillone noch immer Anweisungen und Befehle von allgemeiner Gültigkeit erstellt werden, werden Fragen mit politischer Relevanz durch die untersuchten Dienststellen entschieden.[47] Daher wurde die Untersuchung auf die Spitzendienststellen der Teilstreitkräfte und Organisationsbereiche konzentriert. Des Weiteren wurden die Fachdienststellen der Personalführung und der Personalgewinnung in die Untersuchung mit einbezogen. Besonders im Zuge des Umbaus der Bundeswehr von der Wehrpflicht- zur Freiwilligenarmee erhält die Frage der Integration von Soldaten mit Migrationshintergrund eine herausgehobene Bedeutung für die Rekrutierung.

Ebenfalls konsultiert wurde das Einsatzführungskommando der Bundeswehr. Diese Dienststelle führt alle Soldaten, die sich gegenwärtig im Auslandseinsatz befinden. Damit sollte der besonderen Situation im Auslandseinsatz Rechnung getragen werden. Um stichprobenartig auch unterstellte Bereiche zu prüfen, wurde für jede Teilstreitkraft und jeden Organisationsbereich eine Dienststelle auf der Divisionsebene in die Nachforschung mit einbezogen.

Von der Untersuchung des Zentrums Innere Führung der Bundeswehr in Koblenz und dem Sozialwissenschaftlichen Institut der Bundeswehr in Strausberg sowie den Organen der Rechtspflege und der Militärseelsorge als für das Thema ebenfalls herausgehobene Dienststellen wurde abgesehen,

---

47 Als Fragen von politischer Relevanz innerhalb der Streitkräfte sind neben dem vom Forschungsprojekt aufgegriffenen Bereich vor allem alle Sachverhalte und Themengebiete zu verstehen, die jedes Jahr durch den Bericht des Wehrbeauftragten beobachtet und ausgewertet werden. Beispiele sind die Gleichstellung von Frau und Mann, die Vereinbarkeit von Familie und Dienst oder Rechtsradikalismus. Siehe dazu auch den Teil zur Auswertung der Wehrberichte in diesem Bericht.

da sie in einem anderen Teil dieser Arbeit bereits in die Betrachtung einflossen. Im Einzelnen wurden angefragt:

- Bundesministerium der Verteidigung Fü S1, Bonn
- Bundesministerium der Verteidigung Fü S3, Bonn
- Bundesministerium der Verteidigung Führungsstab der Streitkräfte, Bonn/Berlin
- Bundesministerium der Verteidigung Grundlagenreferat Personal, Berlin
- Einsatzflottille 1, Kiel
- Einsatzführungskommando der Bundeswehr, Geltow
- Heeresamt, Köln
- Heeresführungskommando, Koblenz
- Logistikamt der Bundeswehr, Wilhelmshaven
- Luftwaffenamt, Köln
- Luftwaffendivision, Münster
- Luftwaffenführungskommando, Köln
- Marineführungskommando, Flensburg
- Marineamt, Rostock
- Panzerdivision, Hannover
- Personalamt der Bundeswehr, Köln
- Sanitätsamt, München
- Sanitätsführunsgkommando, Koblenz
- Stammdienststelle der Bundeswehr, Köln
- Streitkräfteamt, Bonn
- Streitkräfteunterstützungskommando, Köln
- Universität der Bundeswehr, Hamburg
- Wehrbereichskommando I „Küste", Kiel
- Zentrum für Nachwuchsgewinnung der Bundeswehr, Köln

4.8.4 Reaktionen auf die Befragung

Bei der telephonischen Befragung traten sehr unterschiedliche Reaktionen seitens der einzelnen Dienststellen auf. In den meisten Fällen waren die Telephonpartner bemüht, bei der Untersuchung zu helfen und zur Findung eines Ergebnisses beizutragen. Vor allem, wenn das Gegenüber den Zweck der Erhebung und des Anrufes deutlich verstanden hatte, war zum Teil großes Engagement seitens der befragten Dienststellen zu spüren.[48] Vor allem die Offiziere zeigten sich auskunftsfreudig und gaben als Grund dafür u. a. die eigenen gemachten Erfahrungen während des wissenschaftlichen Studiums an einer der beiden Universitäten der Bundeswehr an.

Bei insgesamt fünf Dienststellen wurde eine Erhebung abgelehnt, und zwar mit Verweis auf die Verschwiegenheitspflicht.[49] Vier dieser Dienststellen wurden auf Wunsch der Telephonpartner schriftlich erneut kontaktiert, wobei von diesen nur das Logistikamt der Bundeswehr in Wilhelmshaven darauf reagierte.

Etwa ein Drittel der besagten Dienststellen verhielt sich zunächst skeptisch und/oder reserviert auf die telephonische Anfrage. Bis auf die oben genannten Fälle konnten diese durch Erklärung des eigenen Vorhabens beziehungsweise durch Zusendung eines Briefes (oder einer Email) davon überzeugt werden, Auskunft zu geben. Interessant war, daß während vieler Gespräche herausgehoben wurde, daß die Integration von Soldaten mit Migrationshintergrund als Politikum empfunden und dies als Begründung für ein zunächst vorsichtiges Auskunftsverhalten herangezogen wurde. Offenbar empfanden viele Soldaten die Integrationsproblematik als etwas Besonderes, da sie in der gesellschaftlichen Debatte bereits breit diskutiert wurde. Eine gewisse Parallele zur Gleichstellung von Frau und Mann in Gesellschaft und Streitkräften wurde immer wieder vorgenommen, weshalb viele Gesprächspartner mit den Äußerungen nach eigenen Aussagen zurückhaltend umgingen und erst nach Zusicherung von Anonymität freier sprachen.[50]

---

48 Als Beispiel sei hier das Luftwaffenamt genannt, in welchem der Chef des Stabes sich der Anfrage annahm. Dort wurde innerhalb des Amtes ein Rundschreiben aufgesetzt, in welchem die nachgeordneten Dienststellen explizit dazu angewiesen wurden, dem Projekt Unterstützung zu leisten und Anfragen zu beantworten.

49 Dabei handelte es sich um das Einsatzführungskommando, das Sanitätsführungskommando, das Sanitätsamt, das Personalamt der Bundeswehr und das Logistikamt der Bundeswehr.

50 Die Gleichstellung von Männern und Frauen ist ein in der Bundeswehr seit über zehn Jahres diskutiertes Thema. Die Zulassung von Frauen in die einstige Männerdomäne ‚Streitkräfte' hat in den vergangenen Jahren zu einer wahren Flut von Verhaltensregeln und zahlreichen Verwerfungen innerhalb des sozialen Gefüges geführt – nicht zuletzt im Bereich der Beurteilungen und Beförderungen. Da viele Soldaten noch immer unsicher im Umgang mit dem Thema sind, wird es oftmals vermieden, sich überhaupt kommentierend zu äußern. Ähnliche Tendenzen sind bei der Integration von Soldaten mit Migrationshintergrund im Rahmen dieser Untersuchung festzustellen gewesen. Er-

4.8.5 Ergebnisse der Befragung

Als deutlichstes Ergebnis der Untersuchung läßt sich festhalten, daß es in der Bundeswehr offenbar keine Dienststelle gab, die sich mit dem Thema „Integration von Soldaten mit Migrationshintergrund in die militärische Gemeinschaft" hauptamtlich befaßte. Wenige Dienststellen hatten den Bereich als Tätigkeitsfeld erkannt und Inhaber bestimmter Dienstposten damit nebenamtlich betraut. Von ca. zwei Dritteln der Gesprächspartner auf Entscheiderebene wurde eine pro-aktivere Integrationspolitik nicht befürwortet. Gleichwohl war es ungefähr einem Viertel der Dienststellen bewußt, daß es innerhalb der Bundeswehr eine Fachkonferenz zu diesem Thema gegeben hatte, auch wenn keiner der Gesprächspartner sagen konnte, ob die eigene Dienststelle auf dieser Tagung vertreten war.

In den geführten Gesprächen ergaben sich zahlreiche Ansichten und Begründungen, warum es einen solchen Dienstposten nicht gebe bzw. geben und auch weiterhin nicht geben sollte. Als häufigster Grund für eine fehlende Notwendigkeit wurde die formale Gleichheit aller Soldaten angeführt. Dadurch, daß alle Menschen, die in der Bundeswehr Dienst versehen, Deutsche im Sinne des Art. 117 GG sein müssen, seien sie unterschiedslos und müßten auch so behandelt werden.[51] Teilweise unterfütterten einzelne Gesprächspartner ihre Argumentation damit, daß es in der Bundeswehr keiner Integrationsbemühungen bedürfe, da sie für Migranten gar nicht offen sei. Auf die Nachfrage nach Fällen doppelter Staatsbürgerschaft oder in Deutschland geborener Migrantenkinder wurde nicht eingegangen oder diese wurden als absolute Ausnahmefälle deklariert.[52]

Mit dem vollständigen Gleichheitsgedanken des Rekruten bediente sich die Bundeswehr in interessanter Weise einer Argumentation, die dem Gleichheitsgrundsatz der Aufzunehmenden in der totalen Institution nach Erving Goffman kurios entsprach.[53] Zudem wurde von mehreren Gesprächs-

---

staunlich oft sahen die Befragten sogar einen engen Zusammenhang zwischen der Integration von Migranten und der Integration von Frauen in die Bundeswehr.

51 So meinte ein Oberst (Heeresuniformträger): „Ob da jemand nun sich als Russe, Türke, Belgier oder Araber fühlt muß dem Dienstherrn doch egal sein. Ohne deutschen Paß gibt's keine deutsche Uniform".

52 So meinte ein Oberstleutnant (Luftwaffe): „Das sind ja Randfälle, um die sich die Bundeswehr ja nicht alle einzeln kümmern kann und muß".

53 In der Konzeption von Goffman ist es unerläßlich, daß die Insassen der Institution (lies: die Rekruten) bei der Aufnahme in die Institution als gleich gelten und damit auch

partnern geäußert, daß durch eine institutionalisierte Betrachtung Soldaten mit Migrationshintergrund gegenüber ihren Kameraden ohne Migrationshintergrund besser gestellt würden.[54] In einem Fall wurde sogar stark abwertend von Soldaten mit Migrationshintergrund gesprochen; diese sollten froh sein, in den Streitkräften überhaupt geduldet zu werden, und es sei nicht zu rechtfertigen, daß sie durch einen eigenen Obmann oder ähnliches noch besser gestellt würden.[55] Auch wurde mehrfach betont, daß eine Gleichstellung oder anderweitige Verbesserung der Position von Soldaten mit Migrationshintergrund in den Streitkräften zu Verzerrungen im Inneren Gefüge führen würde. Dies bezog sich vor allem auf die ohnehin angespannte Situation in der Beurteilung und Beförderung von Soldaten aller Dienstgradgruppen, vor allem der Unteroffiziere mit Portepee.[56] Implizit schwang hier die Angst vor einer Verschlechterung mit; von einzelnen Gesprächspartnern wurde dies auch offen ausgesprochen.[57]

Immer wieder wurde bei der Frage der Leistungsgerechtigkeit die Integrationspolitik in die Nähe der Gleichstellung von Mann und Frau gerückt. In drei Fällen wurde die Gleichstellungsbeauftragte auch als Ansprechstelle für die Integrationsproblematik genannt. Allerdings wiesen die Gleichstellungsbeauftragen bei allen drei Kontakten jegliche Zuständigkeit für diese Thematik von sich.[58] Bei den Gesprächen machte es verstärkt den Eindruck,

gleich gemacht werden. Dazu gehören unter anderem die Wegnahme der Identitätsausrüstung und das Zugeständnis gleicher Fähigkeiten bei Ignorierung jeder Individualität, vgl. Goffman 2007. Daß sich die Bundeswehr in einem sensiblen Bereich wie der Integration gerade auf dieses Konstrukt beruft, um keine Farbe bekennen zu müssen oder das Fehlen von Zuständigkeiten zu begründen, erscheint bemerkenswert.

54 So meinte ein Fregattenkapitän: „Die sind Kamerad wie jeder andere. Da ist keiner was Besseres, warum sollte man sich da gesondert mit beschäftigen".

55 Da nicht beurteilt werden kann, ob diese Äußerung des Gesprächspartners ein Dienstvergehen darstellt, wird von einer wortwörtlichen Wiedergabe sowie einer genaueren Benennung oder Einordnung des Soldaten an dieser Stelle abgesehen.

56 So meinte ein Oberst (Heeresuniformträger): „Es geht in der Bundeswehr nun einmal nach Eignung, Leistung und Befähigung. Migration oder Integration spielen bei keinem dieser drei Punkte eine Rolle. Dadurch daß jemand mal nach Deutschland gekommen ist – oder vielleicht nur seine Eltern –, wird er weder geeigneter, noch leistungsfähiger, noch befähigter als andere".

57 So meinte ein Oberstleutnant (Heer): „Wir können schlecht neben der schon dünn begründeten anderen 1000-m-Zeit für Frauen noch eine 1000-m-Zeit für Schwarze einführen."

58 Eine der Gleichstellungsbeauftragten erinnerte sich lebhaft an einen Mobbingfall bezüglich einer Soldatin dunkler Hautfarbe, bei der sexistische und rassistische Äußerungen

94

daß selbst für Soldaten, die einer pro-aktiveren Integrationspolitik offen gegenüberstanden, die Gleichstellungspolitik innerhalb der Streitkräfte als Beispiel für eine deutlich mißlungene Form der Inklusion einer bestimmten Gruppe in die Streitkräfte galt. So warnte ein Hauptmann davor, die gemachten Erfahrungen und Entscheidungen aus der Gleichstellung auf die Integration zu übertragen.

Ein nicht zu vernachlässigender Teil der Gesprächspartner verortete die Integrationsproblematik vor allem im Bereich der restriktiv ausgerichteten Wehrdisziplinarordnung und Wehrbeschwerdeordnung.[59] Dabei war interessant, daß die Wahrnehmung der Integration von Soldaten mit Migrationshintergrund auf die Problembereiche Beleidigungen oder Angriffe auf Soldaten mit phänotypischem Migrationshintergrund durch andere Kameraden reduziert wurde. Vor allem bei älteren Heeresoffizieren war diese Konnotation mehrfach anzutreffen.[60] Warum in bestimmten Kreisen diese enggefaßte Betrachtung dieses Politikfeldes vorherrschte und dabei die anderen Aspekte sozialer Prägung offenbar keinen Eingang in die Betrachtung fanden, blieb ungeklärt. Alle Gesprächspartner, die auf regulative Institutionen wie das Disziplinarrecht rekurrierten, warnten gleichzeitig davor, daß höhere Stellen weiter in den Dienstbetrieb der einzelnen Einheiten eingreifen könnten, als dies ohnehin schon geschehe. Häufig wurde auch hier die Gleichstellung von Mann und Frau als Beispiel dafür genannt, daß die Heraushebung oder Stigmatisierung eines bestimmten Themas das innere Gefüge der Truppe und damit ihre Handlungs- und Leistungsfähigkeit durch bürokratische Hürden, Sonderregeln und hausgemachte Probleme beeinträchtigten.[61]

---

anderer Soldaten eine Rolle spielten. Eine generelle Thematisierung von Migration oder Integration gebe es aber auch im Kreise der Gleichstellungsbeauftragten nicht, wie die Gesprächspartnerin im Laufe des Telefonats betonte.

59   So meinte ein Oberstleutnant (Heer): „Für die Ahndung von Verstößen gegen die Kameradschaft haben wir die Kompaniechefs. Die können das, da braucht es keinen eigenen Beauftragten".

60   Als sehr markig formuliertes Beispiel sei die Aussage eines Obersts (Heer) zitiert: „Wenn Sie einen Soldaten haben und der von mir aus zu einem schwarzen Kameraden, was weiß ich, ‚Du Affe' sagt, dann ist das ein Dienstvergehen. Da wird der Disziplinarvorgesetzte ermitteln und verhängen und gut. Das ist ureigenste Disziplinargewalt und da wird Ihnen jeder Chef aufs Dach steigen, wenn Sie ihm diese Kompetenz nehmen wollen. Und zwar mit gutem Recht".

61   So meinte ein Oberstleutnant (Heer): „Na was denn noch alles? Da setzen Sie eine hin für die Frauen, einen für die Schwulen und am Ende noch am besten einen für die Rus-

In diesem Zusammenhang fiel auf, daß zwar der Begriff der Kameradschaft eine immens wichtige Rolle für die Innere Führung, das Soldatengesetz (SG) und das soldatische Ethos spielte. Zugleich führte die Bundeswehr selbst nur marginal Maßnahmen durch, die in der zivilen Welt als Verbesserung der Unternehmenskultur angesehen werden konnten. Das Disziplinarrecht beschränkte sich darauf, Anfeindungen, Beleidigungen und Ausschreitungen gegenüber anderen Soldaten zu ahnden. Es ist gewissermaßen an einem störungsfreien Dienstbetrieb interessiert. Die anderen Faktoren, die zu einer Zufriedenheit am Arbeitsplatz führen können, der in diesem Fall ja auch zum Teil Wohnort und in hohem Maße sozialer Aktionsraum ist, blieben unberücksichtigt.[62]

Andere Stellen und Gesprächspartner zeigten sich gegenüber dem Thema eines Integrationsbeauftragten oder eines anderweitig offenen Umgangs mit der Integration von Soldaten mit Migrationshintergrund in der Bundeswehr hingegen sehr offen.[63] Viele betonten, daß gerade das Leben in der militärischen Gemeinschaft besondere An- und Herausforderungen bereit halte, aber auch eine Voraussetzung für die Integration bedeute.[64] Wenige Dienststellen hatten sich bereits vor der Befragung mit der Integrationsproblematik beschäftigt, manchmal sogar zur Verwunderung der Verantwortli-

---

sen, einen für die Türken und so weiter. Am Ende müssen die alle bezahlt werden, und der Kommandeur und die Chefs haben die alle am Hals und kommen zu nichts anderem mehr und der Steuerzahler wundert sich, warum die Soldaten nicht mehr richtig schießen können".

62 So meinte ein Oberstleutnant (Heer): „Die Bundeswehr ist kein Schullandheim und Offiziere sind keine Sonderpädagogen. Die Männer müssen sich zusammenraufen. Der Dienstherr achtet darauf, daß sie sich dabei nicht die Köpfe einschlagen. Mehr nicht. Das ist auch gut so".

63 So meinte ein Brigadegeneral (Heeresuniformträger): „Angesichts der gesellschaftlichen Relevanz ist es schon erstaunlich, daß wir da innerhalb der Bundeswehr offenbar noch nichts weiter angefangen haben".

64 Die am häufigsten genannte Herausforderung beziehungsweise Besonderheit ist das Leben in der militärischen Gemeinschaft, also das unfreiwillige Zusammenkommen unterschiedlicher Individuen auf engstem Raum unter einer gemeinsamen Aufgabenstellung. Hiervon leiteten die Gesprächspartner aber auch die Möglichkeiten zur Integration ab. So meinte ein Oberfeldarzt: „Es war in der Wehrpflicht ja doch immer so, daß der Bauernsohn neben dem Professorenjungen im Schützenloch gelegen und gefroren hat und dadurch beide eine Welt gesehen haben, die sie nicht kannten. Warum sollte das bei Migranten und Deutschen jetzt anders sein".

chen.[65] Andere Körperschaften waren innerhalb des eigenen Gefüges zuvor schon aktiv geworden. So hatte beispielsweise das Luftwaffenamt den Bereich der Integration im Rahmen der Personalführung thematisiert und die Fachfragen einem bestimmten Dienstposten zugeordnet; der für die Innere Führung zuständige Personaloffizier war hier mit dem Thema betraut und wurde auch direkt als Ansprechpartner benannt, obwohl es im Rahmen der eigentlichen Dienststellenbeschreibung nicht vorgesehen war. Neben dem Luftwaffenamt konnte bei zwei weiteren Dienststellen eine solche Aktivität beobachtet werden. In zwei von drei Fällen waren es Personaloffiziere mit Bezug zur Inneren Führung, welche diese Sonderaufgabe erhielten.[66] Allerdings war keiner der Verantwortlichen mit den jeweils anderen vernetzt. Bis auf den Ansprechpartner im Luftwaffenamt waren alle anderen Stellen davon ausgegangen, der einzige Soldat zu sein, der sich in der Bundeswehr mit Integration auseinandersetzte.[67]

4.8.6 Bewertung der Befragungsergebnisse

Geht man davon aus, daß sich in großen Organisationen alle wichtigen Organisationsziele oder für die Organisation bedeutsamen Felder im institutionellen Gefüge niederschlagen, so hat die Integrationsproblematik für die Bundeswehr offenbar keinen großen Stellenwert. Interessant ist die unterschiedliche Konnotation des Begriffes „Integration" zwischen den Dienststellen. Während einige hochrangige Entscheider eine aktive Integrationspolitik in den Streitkräften aus Gleichheitsgründen und Angst vor Verwerfungen im inneren Gefüge der Armee ablehnten, sahen andere auf den mittleren Ebenen die klare Notwendigkeit für eine institutionelle Verankerung und wunderten sich über die wenigen bislang ergriffenen Maßnahmen. Ferner war ein deutlicher Unterschied zwischen Teilstreitkräften und Organisationsbereichen festzustellen. Während die befragten Offiziere, die im Heer sozialisiert wurden,

---

65 So meinte ein Fregattenkapitän: „Warum sich bisher da keiner in der Deutschen Marine für zuständig fühlt, kann ich ehrlich gesagt nicht verstehen. Gerade bei den Besonderheiten, die der Dienst zum Beispiel auf den schwimmenden Einheiten mit sich bringt, ist das schon lange überfällig".

66 In einem Fall war es ein Unteroffizier, der selbst einen Migrationshintergrund aufwies, aber im Personalbereich von einem anderen Offizier geführt wurde.

67 So meinte ein Major (Heer): „Endlich nimmt sich mal jemand des Themas an. Ich hatte schon das Gefühl, das erreicht die Bundeswehr gar nicht mehr."

eine pro-aktivere Integrationspolitik überwiegend ablehnten, zeigten sich Marine und Luftwaffe dafür offener.

Auf der anderen Seite ist davon auszugehen, daß die Bundeswehr sich über kurz oder lang mit der Integration von Soldaten mit Migrationshintergrund beschäftigen muß und wird. Dies ist nicht zuletzt dem demographischen Wandel und der realen Zusammensetzung der deutschen Wohnbevölkerung geschuldet. Dieser Prozeß wird allerdings noch einige Zeit in Anspruch nehmen und wohl erst zum Ende dieser Dekade ein Stadium erreichen wie bei der Gleichstellung von Mann und Frau in der Bundeswehr.

4.9   Zentrale Dienstvorschriften und das Arbeitspapier 1/2011

Wenn es darum geht aufzuzeigen, wie (und insbesondere wie explizit) die Bundeswehr die Integration von Soldaten mit Migrationshintergrund handhabt, bietet es sich zum einen an, alle Dienstvorschriften systematisch durchzugehen und diese auf entsprechende Hinweise oder Regelungen zu untersuchen (bzw. auf deren eventuelles Fehlen, was nicht minder aussagekräftig wäre). Zum anderen ist es naheliegend zu fragen, was an anderer Stelle bereits in dieser Richtung an Vorarbeit geleistet wurde.

In diesem Abschnitt werden zunächst die Ergebnisse der Untersuchung jener Dienstvorschriften vorgestellt und diskutiert, bei denen sich ein gewisser Bezug zur Integrationsproblematik auffinden ließ. Anschließend geht es um die Bewertung einer kultursensiblen Vorschriftensubsumtion durch das Zentrum Innere Führung der Bundeswehr in Koblenz, die in Form des Arbeitspapiers 1/2011 vorlag.

4.9.1 Die Zentralen Dienstvorschriften der Bundeswehr

Bei der Durchsicht der zentralen Dienstvorschriften war festzustellen, daß lediglich drei Zentrale Dienstvorschriften (ZDv) das Thema „Integration in der Bundeswehr" im entferntesten Sinne ansprachen. Diese drei Vorschriften waren die *ZDv 10/1 Innere Führung*, die *ZDv 10/5 Leben in der militärischen Gemeinschaft* und die *ZDv 20/1 Personalführung*. Die restlichen Vorschriften lieferten keinerlei Anknüpfungspunkte zum Thema „Integration".

Eine dieser Vorschriften, welche für das Thema „Integration von Soldaten mit Migrationshintergrund" zwar relevant war, jedoch keinerlei Hinweise zum Umgang mit diesem Aspekt aufwies, war die Anzugsordnung der

Bundeswehr (ZDv 37/10). Gerade mit Blick auf religiöse und kulturelle Unterschiede von Soldaten mit Migrationshintergrund sorgt das Fehlen von konkreten Handlungsanweisungen in diesem Bereich für Unsicherheit in der Truppe und birgt in der Praxis Konfliktpotential beim Umgang mit Soldaten mit Migrationshintergrund.

4.9.1.1 Die ZDv 10/1, 10/5 und 20/1

(1) *Die ZDv 10/1 Innere Führung:* In der Vorschrift zum „Selbstverständnis und Führungskultur der Bundeswehr" aus dem Jahr 2008 wurden mit Blick auf die Integrationsproblematik die meisten Stellungnahmen gefunden. Ein Grund hierfür war die Tatsache, daß das Zentrum Innere Führung jeglichen Umgang mit kultureller Vielfalt in der Bundeswehr als ein Konzept der Inneren Führung verstand, welche in der ZDv 10/1 geregelt wurde. So wurde in Nr. 313 der ZDv 10/1 die Bundeswehr als ein „Spannungsfeld unterschiedlicher Generationen, Kulturen und Herkünfte" bezeichnet, deren Angehörige im Sinne der Inneren Führung einander als „Mitglieder einer freiheitlichen und pluralistischen Gesellschaft anerkennen" sollten (ZDv 10/1 2008, Nr. 313). Allerdings ergab sich aus der Nr. 313 keine spezifische Handlungsanweisung, wie diese Anerkennung als „Mitglieder einer freiheitlichen und pluralistischen Gesellschaft" im Speziellen aussehen sollte.

Das Fehlen spezieller Handlungsanweisungen in der ZDv 10/1 war ein Problem, das sich wie ein roter Faden durch sämtliche, die Integration betreffende Formulierungen zog. Das Integrationsthema fand in der ZDv 10/1 an acht Stellen Erwähnung. Am konkretesten war die Formulierung in Nr. 620: „Der richtige Umgang mit Menschen, die einen anderen kulturellen Hintergrund haben, die *interkulturelle Kompetenz*, erhöht die Handlungs- und Verhaltenssicherheit der Soldatinnen und Soldaten und sichert die Akzeptanz von Minderheiten bei der Bundeswehr. […] Vorgesetzte fordern und fördern die interkulturelle Kompetenz ihrer Untergebenen so, daß diese verhaltenssicher und respektvoll sowohl gegenüber der Bevölkerung des jeweiligen Einsatzgebietes als auch gegenüber Angehörigen anderer Nationen auftreten." Hier wurde konkret auf die „Akzeptanz von Minderheiten bei der Bundeswehr" als notwendige Voraussetzung interkultureller Kompetenz von Soldatinnen und Soldaten hingewiesen. Allerdings wurde auch in diesem Abschnitt nicht geklärt, mit welchen Mitteln und Maßnahmen Vorgesetzte die interkulturelle Kompetenz ihrer Untergebenen im praktischen Dienstbetrieb fordern und fördern sollten. Nr. 627 gab dazu den Fingerzeig, daß politische Bildung u. a. auch die interkulturelle Kompetenz bei Soldaten verbessere.

Betrachtete man allerdings die Innere Führung als die Führungskultur der Bundeswehr, so war in diesem Kontext auch das Führen mit Auftrag bzw. die Auftragstaktik als ein Element der Führungskultur der Bundeswehr zu erwähnen, in deren Sinne lediglich das Ziel, aber nicht der Weg zum Ziel klar vorgegeben sein mußte (ZDv 10/1 2008, Nr. 612). Die ZDv 10/1 legte mit Blick auf die interkulturelle Kompetenz von Soldaten fest: „Ziel ist der angemessene Umgang mit Menschen unterschiedlicher kultureller Herkunft im Sinne der Werte und Normen des Grundgesetzes und des Auftrages der Bundeswehr." (ZDv 10/1 2008, Nr. 634) Das Ziel im Umgang mit Integration von Soldaten mit Migrationshintergrund sowie mit „Menschen unterschiedlicher kultureller Herkunft" im Allgemeinen war in der ZDv 10/1 also klar im Rahmen des Grundgesetzes festgelegt. Dazu gehörte auch die Gewährleistung von Glaubens-, Gewissens- und Bekenntnisfreiheit im Rahmen der Religionsfreiheit (ZDv 10/1 2008, Nr. 674). Insgesamt gab die ZDv 10/1 also eher eine Zielformulierung denn konkrete Handlungsanweisungen hinsichtlich der Integration von Soldaten unterschiedlicher kultureller Herkunft vor.

(2) *Die ZDv 10/5 Leben in der militärischen Gemeinschaft:* In der Dienstvorschrift zum Zusammenleben in der militärischen Gemeinschaft wurde die Integrationsproblematik insgesamt in nur zwei Abschnitten erwähnt. Die eine Aussage war dabei positiv, d. h. als Gebot, die andere negativ, d. h. als Verbot formuliert. In Nr. 306 war die positive Formulierung, die eine Handlungsanweisung vorgab, zu finden: „Das enge Zusammenleben in der Unterkunft verpflichtet zu Toleranz und Rücksichtnahme, Ordnung und Sauberkeit." (ZDv 10/5 1993, Nr. 306) In dieser Stelungnahme wurde das Thema „Integration von Soldaten mit Migrationshintergrund" gar nicht offensiv angesprochen; lediglich die Aufforderung zu gegenseitiger Toleranz und Rücksichtnahme ließ sich auf den interkulturellen Umgang innerhalb der Streitkräfte anwenden. Die Formulierung, die in Nr. 306 gewählt wurde, war also eine allgemeine Positionierung; die Integrationsdebatte wurde an dieser Stelle nicht aktiv angesprochen. Des Weiteren gab es wie in der ZDv 10/1 keine konkrete Handlungsanweisungen hinsichtlich des Ausübens von gegenseitiger Toleranz und Rücksichtnahme gegeben; es lag allein eine Zielformulierung vor.

In Nr. 311 wurde hingegen ein konkretes Handlungsverbot artikuliert: „Es ist *untersagt,* Tonträger (z. B. Schallplatten, Musikkassetten, CD), Bildträger (z. B. Bilder, Fotos, Filme, Video, CD), Datenträger (z. B. Disketten, CD),

Schriften, Fahnen, Figuren, Abzeichen oder ähnliche Gegenstände in den Unterkunftsbereich bzw. den Bereich der militärischen Dienststelle auch nur vorübergehend einzubringen, die [...] zum Hass gegen Teile der Bevölkerung oder gegen nationale, rassische, religiöse oder durch ihr Volkstum bestimmte Gruppen aufstacheln, zu Gewalt- oder Willkürmaßnahmen gegen sie auffordern oder sie beschimpfen, böswillig verächtlich machen oder verleumden [...]. In Zweifelsfällen entscheidet die bzw. der nächste Disziplinarvorgesetzte, gegebenenfalls unter Einbeziehung des Rechtsberaters und/oder des MAD." Das hier ausgesprochene Verbot zielte vor allem auf das Verhindern von rassistischen Handlungen innerhalb militärischer Liegenschaften. Da dieses Verbot jedoch auf das Verhindern eines Handlungsextrems, dem rassistisch motivierten Handeln, abstellte, war kein eigener Beitrag zur Integration von Soldaten mit Migrationshintergrund innerhalb der Bundeswehr zu erkennen. Auch der in der Anlage 1/1 befindliche und zur ZDv 10/5 gehörende „Haar- und Barterlaß" wies keinerlei Verhaltensregeln mit Blick auf die kulturelle und religiöse Vielfalt sowie damit verbundene mögliche Bekleidungsregelungen innerhalb der Bundeswehr auf. Vielmehr ließ das Fehlen eines aktiven Integrationsbeitrages in dieser Vorschrift darauf schließen, daß dem Thema der Integration von ethnisch-kulturellen Minderheiten im Zusammenleben der militärischen Gemeinschaft noch keine größere Bedeutung beigemessen wurde. Die ZDv 10/5 stammte aus dem Jahre 1993 und wurde zuletzt 2007 geändert.

(3) *Die ZDv 20/1 Personalführung:* Die Vorschrift zur Personalführung war mit Sicht auf die Integrationsproblematik am wenigsten aussagekräftig. Der Komplex fand in keinem Abschnitt eine konkrete Nennung; nur einige Formulierungen ließen sich so interpretieren, daß diese Aussagen auch darauf zu übertragen wären. Zum einen war dies der Hinweis, das Personal sei „sach- und chancengerecht auszuwählen" (ZDv 20/1 1995, Nr. 2). Eine solche Feststellung ließ auf Chancengleichheit bei der Auswahl von Personal schließen, unabhängig von Herkunft und anderen kulturellen Merkmalen. Jedoch wurde auch diese Formulierung in ihrer weiteren Ausgestaltung nicht konkret. So ließ diese Vorschrift keinerlei Hinweise auf eine mögliche Quotenregelung oder Ähnliches zu. Außerdem wurde in der Vorschrift nur erwähnt, daß die Personalführung ihr Personal nach „Bedarf, Eignung, Befähigung und Leistung" (ZDv 20/1 1995, Nr. 103) auswählen sollte und ihr Handlungsrahmen durch „rechtliche, politische, finanzielle, demographische, organisatorische und soziale Bedingungen bestimmt" wurde (ZDv 20/1 1995, Nr. 302). Keine dieser

Bemerkungen äußerte sich zu den rechtlichen Bestimmungen hinsichtlich der Integration von Soldaten mit Migrationshintergrund. Ein möglicher Grund für das Fehlen von Hinweisen zum Umgang mit Soldaten mit Migrationshintergrund konnte das Alter dieser Dienstvorschrift gewesen sein: Sie stammte aus dem Jahr 1995 und wurde seitdem nicht mehr wesentlich geändert.

4.9.1.2 Zwischenergebnis

Insgesamt fanden sich in der ZDv 10/1 die meisten Anhaltspunkte zum Umgang mit kultureller Vielfalt in den Streitkräften. Allerdings blieben viele Wortlaute schwammig und eher allgemein. Die ZDv 10/5 wies dagegen verbindlichere Formulierungen bzw. konkrete Verbote auf; allerdings waren zum Thema „Integration von Soldaten mit Migrationshintergrund" auch nur an zwei Stellen ein solch spezieller Indiz zu finden. Die ZDv 20/1 beinhaltete schließlich keine Formulierungen zu diesem Thema. Es bestand der Eindruck, das Thema „Integration von Soldaten mit Migrationshintergrund" würde im Bereich Personalführung außer Acht gelassen.

Zusammenfassend war festzustellen, daß sich die in den Vorschriften befindlichen Aussagen sowohl auf der „Talk"-, der „Decision"- als auch auf der „Action"-Ebene bewegten. Die Vorschrift zur Inneren Führung bezog sich durchgehend auf die „Talk"-Ebene, da die in der ZDv 10/1 getroffenen Formulierungen eine Abgrenzung zwischen Administration und Ausführung zuließen. Die Vorschrift zum Leben in der militärischen Gemeinschaft hingegen bewegte sich auf der „Decision"-Ebene, da das in der ZDv 10/5 aufgeführte Verbot bei Nichtbeachtung bzw. Nichteinhaltung der Regeln vom Vorgesetzten eine Entscheidung mit Blick auf das weitere Handeln erzwang. Die Vorschrift zur Personalführung orientierte sich wiederum am „Talk", wobei die Integrationsproblematik kaum angeschnitten wurde.

4.9.2 Das „Arbeitspapier 1/2011"

Im Weiteren wurde das Arbeitspapier „Deutsche Staatsbürger muslimischen Glaubens in der Bundeswehr" des Zentrums Innere Führung untersucht und in Bezug auf die einschlägigen Brunsson'schen Analysekriterien bewertet.

Über Kontakte zum Zentrum Innere Führung der Bundeswehr in Koblenz wurde ersichtlich, daß man sich dort in der Tat mit der Thematik beschäftigt hatte, wie das dort ausgearbeitete „Arbeitspapier 1/2011" zeigte.

Das Arbeitspapier trug den Titel „Deutsche Staatsbürger muslimischen Glaubens in der Bundeswehr" und setzte sich intensiv mit dem Phänomen Islam und soldatischem Dienst in den deutschen Streitkräften auseinander, ging in diesem Zusammenhang also auch auf den gegenwärtigen Vorschriftenstand, denkbare Auslegungen/Interpretationsmöglichkeiten und Handhabungsempfehlungen (für Vorgesetzte) ein.

An dem Arbeitspapier fiel zunächst zweierlei auf: erstens das Publikationsdatum, zweitens der Fokus auf den Islam. Es wurde offenbar, daß das Erfordernis einer bundeswehr*internen* Auseinandersetzung mit Aspekten wie kultureller oder religiöser Heterogenität erst in jüngster Zeit soweit erkannt worden zu sein schien, daß daraus ein entsprechend handfester Handlungsbedarf abgeleitet worden war (es gab keine vergleichbaren Vorläuferschriften). Ferner verwies der Betrachtungsfokus auf ein explizites Interesse nicht an der Integration von Menschen mit Migrationshintergrund generell, sondern speziell von Musliminnen und Muslimen. Es lagen weder ähnliche Dokumente für Deutsche mit anderem kulturellen Hintergrund vor, noch solche, die sich so ausführlich der Integrationsproblematik im Allgemeinen annahmen.

4.9.2.1 Inhaltliche Regelungen

Das Zentrum Innere Führung begriff jeglichen Umgang mit kultureller Vielfalt in der Bundeswehr als primär durch das Konzept der Inneren Führung und die Figur des „Staatsbürgers in Uniform" geregelt. Integration fiel damit zuvorderst in den Regelungsbereich der ZDv 10/1. Dabei wurde eine spezifische Integrationsverantwortung der deutschen Streitkräfte erkannt und angenommen. „Das Konzept des ‚Staatsbürgers in Uniform' impliziert, daß ebenso wie in der gesamten Gesellschaft auch oder gerade in der Bundeswehr der persönlichen Entfaltung und damit der religiösen Freiheit, Rechnung zu tragen ist." (Zentrum Innere Führung 2011: 8) Das bedeutete, daß für die Kameradinnen und Kameraden mit Migrationshintergrund die grundsätzliche Vereinbarkeit der individuellen (Bürger-)Rechte mit dem militärischen Alltag und seinen Pflichten gewährleistet sein mußte, wie für jeden Soldaten. Die eventuellen Einschränkungen aufgrund dienstlicher Erfordernisse waren dabei so minimal wie möglich zu halten. Dies sicherzustellen war Aufgabe des jeweiligen Vorgesetzten. Sein Entscheidungsfreiraum galt für jegliche Einzelfallbeurteilung im alltäglichen Dienst, unbenommen und grundsätzlich, wenngleich er nicht über die Inhalte etwa der freien Religionsausübung bestimmen durfte.

Eine jede dienstliche Betrachtung von kulturellen, speziell religiösen Fragen hatte sich in einem klaren, gesetzlich vorgegebenen Rahmen zu bewegen, d. h. im Einklang mit Art. 1-4 sowie 12 GG und §§ 3, 6 und 36 SG.[68] Dies war zunächst ein für den Kontext „Integration von Soldaten mit Migrationshintergrund" gleichermaßen wesentliches wie aussageschwaches Statement, das schlicht die Gleichbehandlung aller Kameradinnen und Kameraden thematisierte und auf Integrationsaspekte nicht gesondert einging. Das Arbeitspapier leistete jedoch Interpretationshilfe für dienstliche Betrachtungen, die muslimische Soldaten betreffen, und gab Entscheidungsempfehlungen für Bereiche ab, wo eine explizite religionssensitive Regelung (noch) fehlte.

• Nach § 36 SG hat jeder Soldat Anspruch auf Militärseelsorge. Obwohl sich dies nicht auf christliche Religionsgemeinschaften beschränkt, existierte für muslimische Soldaten bis dato keine entsprechende konkrete Regelung. Es stand ihnen grundsätzlich frei, die katholische oder evangelische Militärseelsorge mit in Anspruch zu nehmen. Verlangte der Soldat jedoch gezielt nach einem muslimischen Geistlichen, hatte der Vorgesetzte zu prüfen, ob dies ggf. durch Unterstützung aus dem zivilen Bereich geleistet werden konnte. Problematisch war dabei jedoch, daß die Modalitäten etwa der Kostenübernahme von Anfahrt und Verpflegung des Geistlichen für einen solchen Fall nicht klar geregelt waren.

• Grundsätzlich gelten die Anzugsordnung der Bundeswehr sowie der Haar- und Barterlaß unterschiedslos und unbenommen der kulturellen oder religiösen Zugehörigkeit des Einzelsoldaten, wenngleich eine allgemeine (zeitgemäße) Neuregelung der ZDv 10/5 und 37/10 bereits angeregt worden war. Nicht nur aufgrund religiös bedingter Irritationen bestanden jedoch Unsicherheiten in der Truppe. Im Zweifelsfall war der Vorgesetzte gehalten, das kameradschaftliche Gespräch zu suchen.

• Hinsichtlich der Verpflegung galt eine Beachtung des muslimischen Speisegesetzes in den meisten Bundeswehrstandorten als ermöglicht, da die Truppenküchen in der Regel über ein entsprechend breit gefächertes Menüangebot verfügten. Eine Ausnahme stellten Boote und Schiffe der Marine dar. Bzgl. des muslimischen Fastenmonats Ramadan hatte die Pflicht

---

68 Die genannten Paragraphen regeln die Gleichstellung in Ernennungs- und Verwendungsfragen, die staatsbürgerlichen Rechte des Soldaten sowie die Militärseelsorge.

zur Gesunderhaltung Vorrang. Diese Handhabung galt als zumutbar und prinzipiell mit dem Islam vereinbar, da es dem Muslim erlaubt war, ausgefallene Fastenzeiten nachzuholen.

Das Arbeitspapier wies im Sinne des allgemeinen Diskriminierungsverbotes darauf hin, daß Kameraden (hier: muslimischen Glaubens) gesetzlich beschwerdeberechtigt waren, wenn sie sich durch das Verhalten anderer Kameraden aufgrund ihrer Religionszugehörigkeit verletzt oder in irgendeiner Form benachteiligt fühlten. In einem tatsächlichen Fall von Diskriminierung war der Dienstherr zur entsprechenden Schadensersatzleistung verpflichtet. Zugleich stellte es sich in der Praxis aufgrund der dünnen verbindlichen Regelungslage oft als relativ schwierig heraus, Diskriminierung nachzuweisen, sofern sie nicht wirklich handfest und offenkundig war.

Im Kern wurde in diesem Zusammenhang immer wieder das persönliche Ermessen des Vorgesetzten betont: Statt ,von oben' allgemeingültige Grundsätze aufzustellen, die religiöse und kulturelle Belange im Dienstalltag genauer regulierten, überließ die Bundeswehr viele Aspekte dem persönlichem Dafürhalten des jeweils Verantwortlichen auf der Basisebene. An die Disziplinarvorgesetzten wurden lediglich Empfehlungen ausgesprochen, wie besondere religiöse/kulturelle Anliegen nach Möglichkeit im Sinne des betroffenen Soldaten zu handhaben seien. So mußte etwa ein Gebetsraum zwar nicht bereitgestellt werden, konnte aber, sofern die Kapazitäten der jeweiligen Liegenschaft es erlaubten. Sonderurlaub anläßlich eines islamischen Feiertages mußte zwar nicht, konnte aber gewährt werden.[69] Das Arbeitspapier warb für das Verständnis der Vorgesetzten und eine entsprechende Sensibilisierung ihres unterstellten Bereichs (etwa des Ausbildungspersonals), konnte aber letztlich nur eingeschränkt für allgemeine Verfahrensklarheit sorgen.

4.9.2.2 Zur Anwendung von „Talk", „Decision" und „Action"

Das Arbeitspapier des Zentrums Innere Führung konnte gleichermaßen als „Talk", „Decision" und „Action" begriffen werden. Es hatte als Publikation eine klare legitimationsheischende Außenwirkung („Talk"), um die bundeswehrexterne Umwelt von den Integrationsbemühungen der Streitkräfte zu überzeugen und somit normativ zu erreichen. Zugleich verwies das Papier auf die Handlungsmodi „Decision" und „Action", da es inhaltlich von einer bun-

---

69 Es gilt die deutsche Feiertagsordnung.

deswehrinternen Beschäftigung mit der Integrationsproblematik mit handlungsanleitender Qualität für den Dienstalltag zeugte. Verwiesen wurde insbesondere auf die bereits vorhandenen Entscheidungen (Gesetze, allgemeine Vorschriften), die in Bezug auf einen bestimmten Aspekt zur interpretierten Anwendung gelangen sollten. Da keine Formulierung neuer, expliziterer integrationsrelevanter Vorschriften anstand, zementierte die Bundeswehr damit den konstanten Charakter der unbenommen geltenden Vorschriftenlage und behauptete und bekräftigte sich somit zunächst selbst. Die Bekundung, keinerlei spezielle, integrationsbezügliche Vorschriften zu erlassen, stellte insofern eine Entscheidung dar, als diese in ihrer Bedeutung nicht verkannt werden sollte. Es wurde insgesamt offenkundig, daß man der Thematik gegenüber nicht unsensibel eingestellt war/sein konnte/wollte, beließ es jedoch weitgehend bei dieser Bekundung. Statt gezielter Integrationsförderung wurde eine Sensibilisierung der Vorgesetzten auf der operativen „Action"-Ebene betrieben oder anvisiert, deren Effekt und Nachhaltigkeit sich für die Praxis indes tendenziell schwierig hätte überprüfen und feststellen lassen dürfen. Eine Kongruenz von „Decision" und „Action" war in diesem Fall also nicht zwangsläufig gegeben; vielmehr hatte das Vorliegen eines solchen Arbeitspapiers die Profilierungspotentiale und Umsetzungsmängel normativ zu kompensieren statt zu beheben. Man bedachte ferner, daß die Zuweisung von Entscheidungskompetenz an untere Hierarchieebenen ebenfalls eine organisationale Entscheidung verkörperte.

Bemerkenswert war der Fokus auf den Islam. Möglicherweise repräsentierte das Arbeitspapier die Intention, mehr auf die Integration (und gar Rekrutierung?) gerade muslimischer Kameraden achten zu wollen, um sich hier der bundesdeutschen empirischen Sachlage anzugleichen und ein (insbesondere politisches) Zeichen zu setzen. Möglicherweise stellte er auch eine Reaktion auf die vergangene Praxis dar, sofern diese in Bezug auf muslimische Soldatinnen und Soldaten Defizite in Umgang und Fürsorge im Alltag offengelegt haben mochte.

4.10 Interviews mit deutschen Soldaten mit Migrationshintergrund[70]

Das Gros der vorherigen Beiträge zog Informationsquellen aus der Umwelt der Bundeswehr zu Rate, die eine exogene Beschreibung der Streitkräfte und ihrer Integrationsleistung konstituierten. Mit dem Abschnitt „Interviews" zielte das Lehrforschungsprojekt auf eine endogene Beschreibung. Das bedeutet: Statt nur über Soldaten mit Migrationshintergrund zu sprechen, sollten diese selbst zu Wort kommen. Mögliche Abweichungen oder Konvergenzen konnten dabei doppelten Mehrwert erzielen. Zum einen figurierten sie als Daten, die entweder mit der externen Wahrnehmung übereinstimmten oder nicht. Zum anderen, und hier verortete sich der signifikante Erkenntnisgewinn, wurde ein Schlaglicht auf die Sphären geworfen, bei denen Umwelt und Organisationsmitglieder divergierende Ansichten hegten.

Dies mag im ersten Moment wenig bedeutsam wirken. Doch besonders die organisationsimmanenten Einstellungen haben maßgeblichen Einfluß auf die zukünftige Organisationsstruktur. Dabei wird festgelegt, in welche Richtung sich die Organisation bewegt und welche Parameter sich daraufhin verschieben. Darüber hinaus expliziert der Abgleich beider Systeme, wo eventuelle Reibungspunkte bzw. negative Effekte zum Vorschein kommen könnten, etwa wenn die Umwelt die Administration zu Entscheidungen zwingt, die den Gepflogenheiten des Organisationsalltages zuwiderlaufen.

Die Interviews wurden mit drei Soldaten aus unterschiedlichen Dienstgradgruppen und Dienstverhältnissen geführt: mit einem Grundwehrdienstleistenden, einem Oberleutnant und einem Hauptmann. Da es sich um eine sehr kleine Zahl handelte, die keinerlei Repräsentativität beanspruchen konnte, lag der Fokus darauf, einen Eindruck aus Sicht der unmittelbar betroffenen Personengruppe zu erhalten. Ferner sollten eventuelle Kontraste – abhängig von der Verweildauer bzw. dem hierarchischen Status der Befragten – aufgezeigt werden.

Der erste Befragte (B1), ein Obergefreiter im Dienstverhältnis eines Grundwehrdienstleistenden und türkischer Herkunft, gab als Beweggründe für die Wahrnehmung des Grundwehrdienstes an, er könne einerseits Warte-

---

70   Das erste biographische Interview wurde am 12. Dezember 2011 mit einem Obergefreiten und Stabssoldaten (B1) geführt (Dauer: 47:27 Minuten). Das zweite Interview fand am 14. Dezember 2011 mit einem Hauptmann und Gruppenleiter (B2) statt und dauerte 62:57 Minuten, das dritte Interview wurde am 6. April 2013 mit einem Oberleutnant (B3) durchgeführt (Dauer: 93:48 Minuten).

semester sammeln und andererseits reize ihn die physische Komponente der Tätigkeit. Seine prinzipiell positive Haltung gegenüber der Bundeswehr kam darin zum Vorschein, daß er eine Bewerbung für die Offizierslaufbahn angestrengt hatte, die jedoch wegen seines schlechten Abiturschnittes abgelehnt wurde.

Der zweite Befragte (B2), ein Hauptmann im Dienstverhältnis eines Soldaten auf Zeit, dessen Eltern aus Burundi, Zentralafrika, stammen, wies darauf hin, daß ihm im Vorfeld seiner Entscheidung, als Soldat in der Bundeswehr tätig werden zu wollen, nicht nur Befürworter dieses Szenarios in seinem sozialen Umfeld begegnet waren. Er berichtete von einer zwiegespaltenen Umwelt hinsichtlich der Bundeswehr: von sehr negativen Wahrnehmungen, u. a. stark nationalen Tendenzen in den Streitkräften, bis hin zu den affirmativen Berichten eines Militärattaché und der reizvollen Darbietung des Berufsbildes durch die zugänglichen Informationsmaterialien. Schlußendlich überwogen die positiven Eindrücke, v. a. seine Erfahrungen während des Grundwehrdienstes, und er bewarb sich von dort aus direkt für die Offizierslaufbahn. Nach erfolgreicher Absolvierung der Eignungstests an der Offiziersbewerberprüfzentrale in Köln wurde er nahtlos in das Dienstverhältnis eines Offiziersanwärters übernommen.

Der dritte Befragte (B3), ein Oberleutnant im Dienstverhältnis eines Soldaten auf Zeit, dessen Vater ebenfalls aus der afrikanischen Region Küste stammt, schilderte einen von den beiden vorhergehenden Lebenshintergründen merklich abweichenden Status quo ante bis zu der Entscheidung, Offizier werden zu wollen. In der Schulzeit mangelte es ihm noch kurz vor Abschluß des Abiturs an Zielstrebigkeit; seinen familiären Nahbereich bezeichnete er als „bürgerlich-pazifistisch", und trotz einer vorab schwelenden Affinität zum Militär enttäuschte ihn seine tatsächliche Grundausbildung. Mit dem Wechsel von der Grundausbildung in seine Folgeverwendung und den Erfahrungen im regulären Arbeitsalltag der Bundeswehr verband B3 die Zäsur, die ihn final dazu bewog, sich länger zu verpflichten. Grundsätzlich erinnerte er die professionelle Arbeitsweise und den kameradschaftlichen Umgang miteinander. Daneben konkretisierte er diesen Gesamteindruck anhand eines Zusammentreffens als Mannschafter mit einem Oberleutnant. Dieser Austausch habe sich über einen längeren Zeitraum auf einer professionellen und zugleich menschlich einwandfreien Ebene abgespielt, was ihn endgültig überzeugte, den Offiziersberuf anstreben zu wollen.

Die ersten Eindrücke von B1 und B3 sowie die entscheidungsleitenden Einflußfaktoren für B2 entsprangen also maßgeblich den Informationen, die von der Bundeswehr bewußt inszeniert wurden. Stellvertretend wurden die Werbung in den Massenmedien, die u. a. in den Kreiswehrersatzämtern verfügbaren Informationsbroschüren und der unmittelbare Multiplikatorenwert exponierter Mitglieder der Streitkräfte genannt. Hierbei kristallisierte sich „Talk" heraus. Die Organisation gewährte der Umwelt schlaglichtartige Einblicke in den Alltag der Soldaten. In Anbetracht der jeweils limitierten Möglichkeiten, Information für den Interessenten aufzubereiten, und des latenten Ziels von „Talk", wenigstens in diesem Feld neue Soldaten zu gewinnen, neigte die Organisation ‚Bundeswehr' dazu, die positiven Facetten des Soldatenberufes herauszustellen. „Talk" tritt ja als die von Brunsson beschriebene Spielart von Entscheidungen oft dann in Erscheinung, wenn eine gewünschte und Legitimität forcierende Konstellation dargeboten wird, jedoch fraglich bleibt, inwiefern dies mit „Action" bzw. „Decision" korrespondiert. Um diese Punkte geht es jetzt bei den drei anschließenden Einzelfalldarstellungen.

6.10.1 Der Obergefreite (B1)

Auf die Frage, wie sich sein Bild von der Bundeswehr vor seinem Dienstantritt entwickelt hatte, verwies B1 auf Werbekampagnen der Streitkräfte und ein landläufiges Verständnis des Soldatendaseins. Beides hatte ihm körperliche Robustheit etc. als Konstante bezüglich der Tätigkeiten in der Bundeswehr suggeriert. Er ging von einer Fortführung der allgemeinen Grundausbildung aus und meinte damit die Art der täglichen Betätigung über den gesamten Dienstzeitraum. Dagegen wurde er durch seine anschließende, tatsächliche Disposition in der Bundeswehr stark enttäuscht. So klang während des Interviews immer wieder die Frustration von B1 an, ob seiner Bürotätigkeit und der eklatanten Schere zwischen den medial transportierten Inhalten und seines wirklichen Aufgabenspektrums. Die Bundeswehr nutzte ‚Heuchelei' in einer stark holzschnittartigen Präsentation des Aufgabenspektrums eines Soldaten. Die Schilderungen von B1 deuteten an, wie der „Talk" für ihn zum Anreiz wurde und für die Organisation Legitimität requirieren sollte. Im eklatanten Mißverhältnis dazu präsentierte sich der alltägliche Dienstbetrieb, der B1 an der Legitimität der Streitkräfte, natürlich in Verknüpfung mit anderen negativen Erfahrungen, zweifeln ließ. Hier fand ein plastisches Beispiel für die nachhaltige Divergenz von „Talk" und „Action" statt. Weiterhin veranschaulichte es den aus Sicht der Organisation sinnvollen Einsatz von „Organized Hypocrisy".

Auf die Frage, wie sich die Bundeswehr im Bereich von Ausländerfeindlichkeit verhalte, hob B1 hervor, daß sein Erleben die strenge Verfolgung und Ahndung von ausländerfeindlichen Äußerungen war. „Daß man wirklich versucht, sich davon zu distanzieren, und darum glaub ich, sind auch Ausländer gern gesehen bei der Bundeswehr, um halt zu beweisen, daß wir nicht mehr so sind". Ihm fielen derweil keine Ungleichheiten in der Behandlung von Menschen mit Migrationshintergrund und ‚normalen‘ Rekruten auf. Persönliche Affinitäten der Vorgesetzten oder unter Dienstgradgleichen seien vielmehr individueller Leistungsfähigkeit oder anderen Kriterien geschuldet, fernab eines möglichen Migrationshintergrundes. So kam die Vertrauensperson in seinem Zug aus Somalia.[71]

Ein Negativbeispiel wäre der Umgang seines Zuges mit einem Soldaten arabischer Herkunft gewesen, der auf Grund dessen und fehlender Wehrhaftigkeit diskriminiert wurde. Er unterstrich dennoch nachdrücklich, daß es sich im schlimmsten Fall um einen Synergieeffekt aus Unzulänglichkeiten der Person und individuellen Vorurteilen gegenüber Menschen mit Migrationshintergrund handelte. Als Untermauerung dieser These beschrieb er, daß selbige Kameraden, die den Araber schikanierten, ihm gegenüber keine Aggression offenbarten.

Er faßte die Geschehnisse daher wie folgt zusammen: „Solche Sachen einfach, aber halt, ich hab schon gesehen da, die Leute, die sich nicht wehren können, die werden tatsächlich bei der Bundeswehr wie damals in der Schule dann halt überrannt, das war schon eigenartig." Was darauf hindeutete, daß nicht die Herkunft des Soldaten über seine Stellung in der Gemeinschaft richtete, sondern seine Konstitution und sein Verhalten.

6.10.2 Der Hauptmann (B2)

B2 räumte derweil ein, daß vor seinem Dienstantritt Befürchtungen existierten, inwieweit sein Migrationshintergrund zu Friktionen mit anderen Soldaten füh-

---

71 So meinte der Obergefreiten und Stabssoldaten im Interview I: „also mein Stubenkamerad fällt mir jetzt auch ein, der kam aus einer, kam aus Somalia, der wurde auch zum VP gewählt, das fand ich schon witzig, bei seiner VP Wahl hat er halt so ‚yes we can‘ geschrien, der war halt bißchen schwarz im Gesicht und ich fand's witzig, daß der zum VP gewählt wurde."

ren könnte, was sich für ihn in der Realität nie einstellen sollte. Das Ausbilderverhalten während seines Grundwehrdienstes und ebenso die Reaktionen der Kameraden ordnete er als neutral bis interessiert, aber keineswegs vorurteilsbehaftet ein. Er führte diese Tatsache auf die seinerzeit vorherrschende Seltenheit von Menschen mit Migrationshintergrund zurück, so daß ihm eher eine gewisse Neugier entgegenschlug.

Auf die Frage, ob die Bundeswehr Rassismus adäquat begegne, erwiderte B2, „daß die Institution von ihren Strukturen [...] [und eindeutigen] Sanktionsmechanismen" profitieren würde, die Regungen in diesem Bereich sehr unwahrscheinlich und für das Individuum wenig sinnhaft machten. Für ihn bot der institutionelle Zwang mithin die Chance, Vorurteile im täglichen Miteinander abzubauen. Er betonte, welches Potential der Bundeswehr durch die hierarchische Struktur inne wohne. Beispielsweise sei er zuerst Hauptmann und Vorgesetzter und nachrangig ein Individuum, das über einen zweifelsfreien Migrationshintergrund verfüge, der mit Vorbehalten besetzt sein könnte. Potentielle Reibungspunkte zwischen unterschiedlichen Weltanschauungen würden im ersten Moment der Zusammenarbeit gedeckelt. Mögliche Konflikte müßten vorerst ruhen und könnten im Verlauf der Zeit durch das direkte Miteinander obsolet werden.

Daneben identifizierte er das Integrationspotential einer nationalen Dimension. Alle Angehörigen der Bundeswehr dienten durchweg dem „deutschen Volk", und das unabhängig von einzelnen Merkmalen jeder Person. Gewinnbringend sei überdies eine „gewisse Symbolik". So werde die Uniform und die mit ihr assoziierten Autoritätsszenarien losgelöst von gängigen Menschenbildern gedacht. Gerade diese natürliche, nicht administrierte Integrationsleistung hob er mit Nachdruck hervor. Insbesondere da es immer mehr Menschen mit Migrationshintergrund gäbe, was sich auch in den Streitkräften widerspiegeln würde. Im Gegensatz zur zivilen Welt, wo sich die Fronten verhärteten, würde die Bundeswehr Unterschiede zuerst negieren und alle Menschen gleich behandeln. Daher sprach er sich gegen eine Quote oder die formalisierte Integration von Menschen mit Migrationshintergrund aus.

Brunsson hebt auf die Größe der Materialisierung bei „Action" ab, was er dergestalt präzisiert, daß vorrangig die operativen Ebenen einer Organisation in diesem Komplex betroffen seien. Anders als bei seinen Stellungnahmen zur Werbung und den eigenen Annahmen über die Bundeswehr gewährte B1 mit seinen Einschätzungen zur Integrationsneigung in den Streitkräften Einblick in substanzielle Handlungen. Die Feststellungen in Anlehnung an B1 können als Konsequenz der Annahmen von B2 eingestuft werden. Letzterer veranschaulichte, wie er als exzeptionell wahrgenommen wurde, und daß den Vorgesetzten die notwendige Handlungssicherheit fehlte. Die Organisation hatte sich noch nicht ‚entschieden‘, wie man mit Menschen mit Migrationshintergrund umgehen sollte. Denn diese bildeten bis dato kein relevantes Potential. Mittlerweile schätzte B2 die Konstitution der Streitkräfte so ein, daß ihre Regularien der Integration förderlich seien, und dies v. a. aufgrund ihrer strikten Verbindlichkeit.

6.10.3 Der Oberleutnant (B3)

B3 gestand ein, daß der Antritt des Grundwehrdienstes und die vorherige Ausschmückung seines Zimmers im elterlichen Haus mit Bundeswehrplakaten eine Art „kleiner, stiller Protest“ gegen die eigene Mutter bzw. das persönliche Umfeld gewesen waren. „Alle haben irgendwie damit gerechnet, daß ich Essen auf Rädern ausfahre. Statt dessen bin ich Panzerfahrer geworden.“ Nichtsdestoweniger beschäftigte er sich aktiv mit dem Thema ‚Streitkräfte‘ und einer möglichen Zukunft in diesen. Beim Kreiswehrersatzamt bewarb er sich für eine Verwendung in der Fallschirmjägertruppe. Der Einplaner votierte jedoch für einen Standort in der Nähe seiner Heimatstadt und die Flugabwehr. In den ersten drei Monaten erzeugten die übertriebene Härte und die unleidlichen Stubenkameraden eher ein Negativbild der Bundeswehr. So titulierte sich ein mit ihm untergebrachter Wehrdienstleister als „Obernazi aus Moers“. Der Bruch im positiven Sinne erfolgte, wie oben geschildert, mit dem Dienstantritt in seiner Folgeverwendung.

Obgleich B3 keine pauschalen Ressentiments gegenüber seiner Person zu Protokoll geben konnte, führte er ein drastisches Beispiel während seiner Gruppenführerzeit an, wo sich zwei seiner unmittelbaren Vorgesetzen als die „größten Nazis vor dem Herrn“ entpuppten. B3 bewertete diesen Abschnitt der Ausbildung zum Offizier als „die beschissensten drei Monate, die ich auf diesem Planeten bisher verbringen durfte“. Die gesamten drei Monate über bedachten ihn diese beiden Vorgesetzten mit latenten Anfeindungen. Hinzu kam, daß ein für B3 denkbar ungünstiges Vorkommnis, bei dem er aus dem Affekt heraus gegenüber dem Kompaniechef eine unwahre dienstliche Meldung gab, seine Situation dergestalt verschlimmerte, daß er darob offiziell gemaßregelt werden konnte. Gleichwohl gewann B3 der Sanktion des damaligen Fehlverhaltens ein positives Momentum ab: Er habe im Zuge seiner Strafe, sechs Wochen am Stück den Zugdienst leisten, d. h. von ca. 4 Uhr morgens bis 24 Uhr nachts durchgehend wach sein zu müssen, die Rekruten näher kennenlernen können.

Analog zu B2 betonte B3, man erhöhe sich bei der Bundeswehr im Regelfall, anders als oftmals im zivilen Bereich, nicht anhand der Hautfarbe oder anderer Charakteristika gegenüber seinen Mitmenschen. Durch die Abschwächung der äußeren Merkmale, sobald die Uniform angelegt werde, und die gemeinsame Meisterung außergewöhnlicher Umstände müsse kooperiert werden. Die Streitkräfte boten für sein Empfinden einen beinahe exklusiven Ort, um Integration gelingen zu lassen. Dagegen gewahrte er im zivilen Sektor meistens „Grüppchen gleicher kultureller Abstammung", z. B. auf Schulhöfen.

Was den Handlungsmodus „Talk" betraf, schätzte B3, ohne um den inhaltlichen Schulterschluß zu wissen, die Bundeswehr vergleichbar zu den bis dato im Forschungsprojekt besprochenen Erkenntnissen ein. So formulierte er: „Ich weiß, daß die Bundeswehr als kleinen PR-Gag die Charta der Vielfalt unterschrieben hat." Wie das Zitat andeutet, wollte die Bundeswehr ihrer Umwelt mit der Unterzeichnung verdeutlichen, daß sie sich normativ vollends der Integration aller Menschen in die Streitkräfte verschreibe. Wobei in erster Linie der Effekt, etwas präsentieren zu können, im Fokus gestanden haben dürfte. Ferner konturierte B3 nachhaltig den Handlungsmodus „Action", als er seine Grundausbildung Revue passieren ließ und auf einen Gruppenführer mit einer italienischen Herkunft bzw. den Zugführer schwarzer Hautfarbe zu sprechen kam. Materielle Begebenheiten kanalisieren sich nach Brunsson bottom up. 2003, als sein Wehrdienst begann, dominierte die Einbindung von Frauen den intraorganisatorischen Diskurs der Bundeswehr. Im Laufe der Jahre gewahrten die Streitkräfte einerseits die Notwendigkeit und andererseits die Faktizität, Menschen mit Migrationshintergrund gesondert erreichen zu müssen.

6.10.4 Ein Theorieexkurs

Wie bereits ausgeführt, reagieren Organisationen auf Normkonfigurationen („institutionalisierte Mythen") in ihren jeweiligen Umwelten. So entwickelte sich die Gleichberechtigung von Menschen mit Migrationshintergrund in den letzten Jahren zu einem prominenten Thema, dem sich auch die Streitkräfte nicht verschließen konnten. Anfänglich waren die Ausführenden in der Bundeswehr unsicher, wie mit Menschen mit Migrationshintergrund verfahren werden sollte; es bestand Unsicherheit hinsichtlich der „Action". Daraufhin traf die Administration bestimmte „Decisions", mit der Intention, diese Unsicherheit zu reduzieren. Unter Berücksichtigung der Vorgaben durch die Umwelt, in der die Integration bejaht wurde, und den Realitäten in der Bundeswehr, sprich der Existenz dieser Personen inklusive ihrer besonderen Ansprüche, ob Religion, Sprachbarrieren etc., mußte entschieden werden.

Exakt, wie Brunsson attestiert, schloß man sich in einem Reflex den Prozessen der umgebenden Gesellschaft an. Der Symbolwert der Entscheidung rückte in den Vordergrund, da aus ökonomischen Erwägungen zumindest eine de jure Bereitstellung von separaten Nahrungsmitteln, Örtlichkeiten zur Religionsausübung und Sprachkursen in keinem Verhältnis zu den wenigen Adressaten dieser Maßnahmen stand. Weiterhin bezweifelt Brunsson die kausale Verquikkung von „Decisions" mit „Actions". Zweifelsohne liegen Entscheidungen vor, wenn sich eine Organisation zur Frage der Integration von Menschen mit Migrationshintergrund programmatisch orientiert. Dennoch mangelt es an konkreten Materialisierungen. Hier kommt die inhaltliche Dimension von „Decisions" zum Vorschein, die nicht an konkreten Taten evaluiert werden kann.

Ganz im Gegenteil kontrastieren die „Actions" einiger Organisationsmitglieder die „Decisions" der Administration. Im Fokus von „Decisions" stehen Legitimitätssicherung und die Generierung von Verantwortung jenseits des operativen Levels. Denn gerade weil Handlungen oft gegenläufig zu den Entscheidungen ausfallen, sollte an übergeordneter Stelle ein Bild davon erstellt werden, daß die Organisation ‚natürlich' ihre Entscheidungen realisiert. Dadurch würde eventuelle Kritik mit Hilfe von ‚Heuchelei' a priori abgelenkt. „Talk", u. a. in Gestalt der *Bundeswehr aktuell,* und „Decisions" in Form von Richtlinien oder Verhaltensregeln weichen von den „Actions" ab, und trotzdem produzieren sie Legitimität, denn sie inkorporieren die Werte der Umwelt.

6.10.5 Negative Erfahrungen der drei Befragten

Wie gerade geschildert, machte B3 durchaus ernstzunehmende negative Erfahrungen in seiner bisherigen Bundeswehrzeit.[72] Wie erging es demgegenüber den beiden Befragten B1 und B2?

---

72 Im Zuge der Publikation des Lehrforschungsprojektes wurden noch drei weitere Interviews mit Soldaten im Bereich Mannschaftsdienstgrade geführt, die allesamt einen Migrationshintergrund aufwiesen: eine junge Frau aus Litauen, dort größtenteils aufgewachsen, inzwischen aber mit einem Deutschen verheiratet, ein junger Mann aus dem kurdischen Teil der Türkei, der mit der Familie als Kind nach Deutschland kam, aus po-

Wendet man sich zunächst B1 zu, so wurde dieser im Anschluß an die Grundausbildung als Stabssoldat eingesetzt. Bezüglich dieser Phase beschrieb er, erstmals die Empfindung zu haben, von einem Vorgesetzten nicht akzeptiert worden zu sein. Obwohl dieser in keiner direkten Interaktion mit ihm stand, übte er Einfluß auf ihn aus und wirkte für ihn negativ voreingenommen.

Die einzig substanzielle Negativerfahrung schilderte B1 im Zusammenhang mit einem wichtigen muslimischen Feiertag, für den er Urlaub beantragen wollte. Nachdem er sich an seinen Disziplinarvorgesetzten gewandt hatte und dieser meinte, er müsse regulär Urlaub einreichen, was indirekt die Option von Sonderurlaub verneinte, wurde er mit dem Problem konfrontiert. Er sollte einem anderen Vorgesetzten im betroffenen Zeitraum als Fahrer zur Verfügung stehen. Daraufhin informierte B1 diesen über seine Situation und die Bedeutung des Feiertages für ihn und seine Religion, woraufhin der Vorgesetzte erwiderte: „was für ein Feiertag, auf meinem Kalender steht nix von Feiertag". B1 beharrte trotz allem auf seinem Urlaubsersuchen, welches auch genehmigt wurde. Im Anschluß an seine Rückkehr sei die Beziehung zu dem Vorgesetzten merklich abgekühlt. B1 kommunizierte dieses Verhalten zweifelsohne und das Unverständnis, enttäuscht gewesen zu sein. Am Rande der Einlassung streifte er die Position seines Disziplinarvorgesetzten, wobei er sich sehr kritisch positionierte: „vom Ding her hätte ja der Disziplinarvorgesetzte es ablehnen können, aber ich hatte ja mit Begründung geschrieben, und auch der Disziplinarvorgesetzte wußte, wenn er das ablehnt, hat er ein Problem wahrscheinlich, und dann hat man's halt schweren Mutes hingenommen."

Ein geringfügiges Problem attestierte er bei der Gewährleistung seiner gesonderten Nahrungsansprüche. Oft wurden ihm entweder Schweinefleischprodukte angetragen oder selbst, wenn Nahrungsmittel als frei von diesen ausgewiesen wurden, fanden sich gewisse Anteile von Schwein, was er aber als Unfähigkeit und keineswegs als Vorsatz einstufte.

Erste negative Erfahrungen machte B2 mit der Offiziersbewerberprüfzentrale. Dort reagierten Stabsoffiziere negativ auf seine Person, und das

litischen Gründen, und hier aufgewachsen ist, und ein junger Mann aus der Wolgagegend. Alle drei berichteten, daß sie in der Bundeswehr keinerlei Diskriminierung wegen ihres Migrationshintergrundes erfahren hätten. Allenfalls der Wolgadeutsche erzählte beiläufig davon, daß von Kameraden mitunter Witze gemacht würden, wenn er mit anderen rußlandstämmigen Soldaten zusammenstünde und sie miteinander Russisch sprächen. Aber dies empfand er nicht als gravierend.

„nicht mehr subtil, und das ist das, was mich halt überrascht hat". Bis dahin befürchtete er in erster Linie Ressentiments der unteren Dienstgradgruppen.[73] In diesem Moment wog er jedoch die Erlebnisse aus seiner bisherigen Zeit als Wehrpflichtiger gegen dieses Negativ-Momentum ab und ordnete letzteres als Ausnahme und keinesfalls „repräsentativ [...] für die Institution Bundeswehr" ein. Er akzentuierte dabei seine Verwunderung, dieses Verhalten bei derart „hohen Stellen" anzutreffen. Ein weiteres, konkretes Negativ-Beispiel sei die abfällige Äußerung eines Mannschaftssoldaten hinter seinem Rücken gewesen, die dann auch disziplinar verfolgt wurde. Derweil stieß dieser Vorfall eine intensive Debatte innerhalb der Unteroffiziere an, wie mit solchen Ereignissen umgegangen werden sollte.

Die Darlegungen im Feld der unerfreulichen Erlebnisse deuteten insgesamt auf die de facto Abschottung von „Talk" zu „Decision" und „Action" hin. In den vorangegangenen Abschnitten zu Medien und „Talk" der Bundeswehr kam die Tatsache zum Ausdruck, daß man mittels dieser Form von Kommunikation beabsichtigte, die Bundeswehr als mit dem Integrationsthema befaßt zu zeichnen. Dafür berichtete der damalige Verteidigungsminister Scharping schon 1999 von einer Handlungshilfe für Vorgesetzte im Umgang mit Fragen der sachgemäßen Auseinandersetzung mit Soldaten mit Migrationshintergrund (Bundeswehr aktuell 2001: 8f.).

Warum jedoch konfrontierten B1, 12 Jahre nachdem der damalige Verteidigungsminister Rudolf Scharping schriftliche Handlungsleitfäden für den Umgang mit Menschen mit Migrationshintergrund angekündigt hat, übergeordnete Stellen mit Unverständnis bei solch basalen Fragen, wie dem Urlaubswunsch für den zweitwichtigsten muslimischen Feiertag? Weil die Aufrechterhaltung von Arbeitsabläufen in allen Organisationen von anderen Individuen abhängt, als von denen, die Entscheidungen treffen oder Verantwortung über-

---

73 Im Rahmen der Bewerbungsunterlagen sollten alle verfügbaren Fremdsprachen aufgeführt werden, wozu bei ihm drei afrikanische Dialekte gehören. Im Rahmen der allgemeinen Vorstellung, als alle Bewerber in einem zentralen Raum zusammenkamen, sprach ein Major von der Luftwaffe zum Aspekt, was ein „Bewerber mitbringen sollte, worauf geachtet wird etc., und ein Punkt war halt Fremdsprachen, und dann meinte er in einem ziemlich sarkastischem Ton, also Englisch oder Französisch sollte das schon sein, und wenn sich irgendwer meint mit Kisuaheli oder sowas bewerben zu müssen glaubt, den kann ich nur an das Bundessprachenamt verweisen". Im Rahmen der Einplanung äußerte ein Oberstleutnant: „Naja, früher mußte man ja auch noch wirklich deutsch sein, um Offizier werden zu können" (B2).

nehmen. Der Minister mochte externe Zustimmung sicherstellen, daher wurde ihm gemäß die Integration administrativ reguliert; was er nicht einräumte, blieb die Realität in der Organisation. Die Führung konnte nicht so tief in die kleinsten Gebiete vordringen, daß alle Aktionen vorstrukturiert waren.

Als Kompensationsinstrument für diese Herausforderung offeriert Brunsson intraorganisationale Institutionalisierungen: das inhärente Regelwerk der Organisation. Wie B1 ausführte, sträubte sich der erste Vorgesetzte, den Urlaubsantrag zu befürworten, da aus seiner Sicht kein hinlänglicher Grund für dessen Gewährung vorlag. Die individuelle Rationalität würde zu einer Entscheidung verleiten, die den Grundsätzen der Organisation und einem Verständnis von egalitärer Koexistenz der Religionen zuwiderlaufen würde. Neben der Enttäuschung von B1 könnten die Medien von diesem Vorgang Kenntnis erlangen, was der gesamten Organisation schaden würde. Darum griff in diesem Moment die Wirkmacht der institutionalisierten Ideen. Sie garantierten Sicherheit und transzendierten personelle Subjektivität, d. h. weder der unmittelbare Vorgesetzte noch der Chef von B1 trafen Entscheidungen, sie gehorchten dem organisationsinternen Regelwerk.

Dies fußte auf vorab konsentierten „Actions", nämlich der Definition von Policy. Wenn sich jedoch einzelne Abwägungen behaupten, wie im Fall des Mannschaftssoldaten und seiner Diffamierung von B2, gerät die Sicherheitskonstruktion ins Wanken, wie die regen Diskussionen des Unteroffizierskorps im Anschluß an das Vorkommnis unterstrichen. Bei „Action" setzt Brunsson das Erfordernis der Zustimmung durch die Handelnden voraus; eine regelkonforme Interaktion der Organisationsmitglieder geht damit einher, daß sie kooperieren. Ihr Verhalten entfaltet direkten Einfluß auf die „Decisions" der Organisation. Selbst als ein singulärer Akt eines Soldaten die Sicherheitsperzeption unterminierte, wurde ein Dialog in der Organisation angestoßen, wie man solchen Interferenzen begegnen könne. Die Kooption der operativen Einheiten im Sinne der Administration wurde zur Schlüsselvariable für das Funktionieren der Organisation.

Was den Vergleich mit der formal fixierten Gleichstellung von Frauen anbelangt, zeigte sich B2 kritisch gegenüber Erwägungen, dies auch für Menschen mit Migrationshintergrund anzustreben. Sein erster Einwand leitete sich von persönlichen Erlebnissen im Laufe seiner Ausbildung ab. Insbesondere da er im ersten Jahrgang integriert war, der auch Frauen in den Streitkräften gestattete. Es herrschte eine „übertriebene Sensibilität" der Vorgesetzten, und die „Institutionalisierung im Bereich der Vorschriften" schien der Integration eher noch hinderlich zu sein. Es kam sogar dazu, daß „Probleme und Befangenheiten" sowie „Vorurteile" durch die starre Verregelung gefördert wurden.

Zweitens würde speziell die offizielle Andersbehandlung, z. B. in Form von Frauenquoten oder disparaten sportlichen Leistungsanforderungen, negative Folgen zeitigen. Vorbehalte blieben nicht nur erhalten, sondern würden zudem verstärkt oder sogar erst dadurch aufkommen, wenn das ‚zwischenmenschliche Gefüge negativ' tangiert wäre. Ferner signalisierten solche Festschreibungen für die Bevorzugten, daß man sie als unfähig, den ‚normalen' Anforderungen zu genügen, einschätzen würde. Damit würde deren Selbstbewußtsein geschädigt und ihre Stellung als formal leistungsschwächer fixiert.

Die Skizzierungen von B2 plakatierten die fundamentale These Brunssons, daß „Decisions" und „Actions" nicht linear korrelieren, sondern in gewissen Situationen gegenläufig ausfallen müssen, um den Bestand der Organisation zu sichern. Handlungen gründen auf Regeln, die sich in der Organisation etabliert haben, wie der Zusammenhalt unter Soldaten oder für alle gleiche physische Richtwerte. Im Rahmen der Integration von Frauen wurde dieses Gruppengefüge ausdrücklich konterkariert, als geschlechterspezifische Leistungen oder gesonderte Sanitäranlagen Einzug hielten.

Die „Decisions" waren durch den Beschluß des EuGH in ihrer Richtung fixiert, die Organisation konnte nur noch gestaltend eingreifen. Daß sich die Umsetzung anders präsentierte, hing mit dem Symbolwert von Entscheidungen zusammen. Sie sollten demonstrieren, daß die Organisation exogene Institutionalisierungen erkannt und inkorporiert hatte. Damit intendierte sie, Verantwortung auf Entscheider zu konzentrieren und Legitimität zu schaffen. Verglich man die „Decisions" mit den „Actions", erblickte man bisweilen ‚Heuchelei'. Wie die Erlebnisse von B2 vor Augen führten, genügte die Wirklichkeit nicht den ambitionierten „Decisions". Die bestehenden Schwierigkeiten bei der Integration von Frauen hätten in der Außenwahrnehmung zu Unmut oder Verwunderung beitragen müssen.

Eine Ursache, warum dies nicht eintrat, wurde im Theoriekapitel erläutert, nämlich die Neigung, den Darlegungen der Entscheider zu vertrauen. In dem Moment, wo ein Minister etwas kommuniziert oder ein Gesetz verabschiedet wird, läuft bei den meisten Menschen ein Reflex ab: Sie unterstellen diesen Abläufen Legitimität, da sich dies in der Vergangenheit größtenteils als funktional erwiesen hat. Ihnen mangelt es am Willen und den Ressourcen, die Materialisierung jeder „Decision" nachzuvollziehen. Und exakt auf dieser Tatsache basiert die Anwendung von ‚Heuchelei'. Die Führung der Streitkräfte proklamierte eine Entscheidung; damit war der Umwelt genüge getan. Die tatsächlichen Konsequenzen wichen jedoch fraglos von den Entscheidungen ab.

Brunsson rückt die Besinnung auf als effizient rezipierte Institutionalisierungen bei „Action" in den Vordergrund. Sicherheit geht mit dem Bewußtsein einher, daß die Organisationsmitglieder die Regeln akzeptieren und sie befolgen. Die neuen Vorgaben bezüglich der Frauen kollidierten mit den angetroffenen Schemata, woraus sich die negativen Folgen für die Gemeinschaft ergaben. Mehr als eine Dekade nach der Einbeziehung von Frauen in die Bundeswehr wurde nach wie vor intensiv über die abweichenden Sportanforderungen und Aufwendungen für getrennte Unterkünfte diskutiert. In den Artikeln der *Bundeswehr aktuell* (2011b: 8f.) schien die Egalität der Geschlechter ein Fakt zu sein. Nach Brunsson mußte dies jedoch als „Talk" eingestuft werden.

Gleichermaßen wurde durch Vorschriften etc. die Integration seither unverändert administriert und mitnichten in Anbetracht faktischer Defizite nachgebessert. „Decisions" setzten den Schwerpunkt mitunter auf ihre Symbolkraft, weshalb die Materialisierungen keinen zwangsläufigen Effekt auf sie ausübten. Wie veranschaulicht, mußte kein Nexus zwischen „Talk" und den beiden übrigen Handlungsmodi anzutreffen sein. Daher verwunderte es nicht, daß B2 konkrete Negativbilder bei der Integration von Frauen erinnerte. Folglich favorisierte er für Soldaten mit Migrationshintergrund die Bewahrung der anerkannten Organisationsregeln im Allgemeinen und verwehrte sich im Speziellen gegen deren Sonderbehandlung.

Verglich er dabei die Fähigkeiten von Bundeswehr und normaler Gesellschaft, was ihre Integrationsleistung anbetraf, schrieb er der Bundeswehr aufgrund der dargelegten Aspekte eine potentiell stärkere Wirkmacht zu. Er sah dies mitunter schon realisiert, indem Soldaten mit Migrationshintergrund eine Chance gewährt wurde, Integration zu erleben.

Er mahnte unter Bezugnahme auf die aktuelle Personalwerbung, man solle nicht zu explizit auf Menschen mit Migrationshintergrund als Notlösung ausweichen oder diese derartig darstellen. Des Weiteren müßten die Streitkräfte ihre Passivität und grundsätzlich reaktive Einstellung verändern. Er beschreibt als ein Manko die Angst vor negativer Öffentlichkeitswahrnehmung primär bei Themen wie Rassismus oder Rechtsextremismus. Dies halte die Bundeswehr davon ab, aktiv am Diskurs teilzuhaben und auf die eigenen Erfolge zu verweisen. Man sollte die eigenen Errungenschaften deutlicher transportieren, um als Vorbild für andere Behörden oder die allgemeine Integrationsfrage in Deutschland zu firmieren.

6.10.5 Zwischenfazit

Die Interviews vermittelten im ersten Augenblick einen ambivalenten Eindruck über den Fortschritt der Integration von Soldaten mit Migrationshintergrund in der Bundeswehr. Auf der einen Seite konstatierten die Befragten der Bundeswehr die Ausrichtung, mit Bestimmtheit gegen Diskriminierung vorzugehen. Soldaten mit Migrationshintergrund sollten in die eigenen Reihen integriert werden; man mochte der Gleichberechtigung unterschiedlicher ethnischer Wurzeln Geltung verleihen. Auf der anderen Seite stachen die wenigen negativen Begebenheiten heraus und überschatteten beinahe die bis dahin erreichten Leistungen auf der Habenseite.

Zog man die theoretischen Annahmen von Brunsson heran, relativierten sich freilich die Makel der Organisation. Seine Überlegungen sensibilisieren den Beobachter für die Mechanismen und Erfordernisse, die eine Organisation fortbestehen lassen. Der Mehrwert dieser Analyseraster sollte nicht unterschätzt werden, wie das Beispiel von Frauen in der Bundeswehr verbildlichte. Vordergründig präsentierte sich eine problembehaftete Konstellation; aber analog zu den Erkenntnissen aus dem Komplex der Integration von Frauen bedurfte die Organisation einer Adaptionsphase.

Anfänglich galten Frauen als Besonderheit, und ein Gleiches ergab sich aus den Einlassungen von B2 für Soldaten mit Migrationshintergrund. Damals gehörten beide Gruppen zum gängigen Verständnis der Streitkräfte, was nicht heißt, daß sie in einer absolut uniformen Peergroup, d. h. den Streitkräften als homogener Entität, aufgingen. Es kam weiterhin zu Mißverständnissen und Animositäten; jedoch handelte es sich um sukzessive spezieller werdende Unstimmigkeiten.

Entscheidungen fallen zumeist deduktiv aus, d. h. sie müssen alle Hierarchiestationen durchlaufen, bevor ihre angepaßte Materialisierung angedacht werden kann, was in einer Organisation wie der Bundeswehr einige Zeit beansprucht. Brunssons Vorgaben explorieren, daß die Integration von Menschen mit Migrationshintergrund einen existenziellen Prozeß in der Organisation absolvieren mußte, wollte sie nachhaltig fortdauern, so daß die Interviews erstens die Ansichten Brunssons unterfütterten und zweitens durch die Anlegung seiner Reflexionsmethoden die Oberfläche der Organisation transzendiert werden konnte und ein Zugang zu den vorherrschenden, jedoch hinter der Außenwahrnehmung verborgenden, Konditionen geschaffen wurde.

4.11 Der Wehrbeauftragte und die Jahresberichte[74]

> „Jeder Soldat hat das Recht, sich einzeln ohne Einhaltung des Dienstweges unmittelbar an den Wehrbeauftragten zu wenden. Wegen der Tatsache der Anrufung des Wehrbeauftragten darf er nicht dienstlich gemaßregelt oder benachteiligt werden." (WBeauftrG 2013, § 7)

Will man „Talk", „Decision" und „Action" in der Bundeswehr bezüglich der Thematik „Integration von Soldaten mit Migrationshintergrund in der Bundeswehr" analysieren, erscheint eine weit gefächerte Quellenarbeit unabdingbar. Als Parlamentsarmee verfügt die Bundeswehr, wie aus dem oben zitierten Gesetzestext hervorgeht, über ein externes Kontroll- und Informationsorgan, welches über die innere Verfaßtheit der deutschen Streitkräfte auskunftsfähig sein sollte. Dabei blickt der Wehrbeauftragte auf eine historisch gewachsene Praxis kritischer Einschätzungen und Bewertungen hinsichtlich der Streitkräfte zurück, deren Ergebnisse im rechtlich statuierten Rahmen sehr wohl nach außen kommuniziert werden. Somit bietet die Erörterung seiner Berichte eine valide Grundlage, um „Talk", „Decision" und „Action" bei der Bundeswehr herauszufiltern.

Die jährlichen Stellungnahmen des Wehrbeauftragten werden sowohl durch den Bundestag als auch weitere Verantwortungsträger herangezogen, um die Entwicklung der Streitkräfte zu analysieren, zu bewerten und zu modifizieren. Sollte es im Rahmen der Transformation der deutschen Streitkräfte zu Vorfällen respektive signifikanten Problemen im Bereich der Integration von Soldaten mit Migrationshintergrund gekommen sein, dürfte der jährlich erscheinende Bericht des Wehrbeauftragten als wahrscheinlichste, frei zugängliche Quelle für die Dokumentation dieser eingestuft werden.

„Integration" im Sinne des Lehrforschungsprojektes korrespondierte nicht immer inhaltlich mit der Bedeutung, die sich in den Berichten der Wehrbeauftragten wiederfand. Sprach dieser von Integration, so vorrangig in

---

74   Sämtliche Daten wurden über die Homepage des Wehrbeauftragten bezogen.

Hinblick auf die Integration von Frauen in den Streitkräften bzw. die dieses Thema umgebende Problematik von Diskriminierung und struktureller Benachteiligung. Dennoch eröffneten diese Berichte die Möglichkeit, den Umgang der Streitkräfte sowie der ihnen vorstehenden Behörden mit dem Thema „Integration" zu reflektieren und anhand der im Theoriekapitel explizierten Raster zu untersuchen. Zunächst aber wird eine Vorstellung der Funktion des Wehrbeauftragten und des von ihm erstellten Berichts vorgenommen.

4.11.1 Amt und Funktion des Wehrbeauftragten

In Erinnerung der Segregation von Staat und Streitkräften in der jüngeren deutschen Geschichte wurde 1956 das Amt des Wehrbeauftragten ins Leben gerufen. Man instituierte ihn als „Hilfsorgan des Bundestages bei der Ausübung der parlamentarischen Kontrolle" der Bundeswehr (WBeauftrG 2013: §1 Abs. 1). Sowohl das Parlament als auch der Verteidigungsausschuß können ihn mit der Untersuchung relevanter Vorkommnisse im Bereich der Bundeswehr betrauen. Sie besitzen gegenüber dem Wehrbeauftragten demnach eine Weisungsbefugnis, die sich jedoch auf Abläufe und technische Rahmungen beschränkt. Ansonsten agiert der Wehrbeauftragte souverän und wird nur im Falle der Befassung des Verteidigungsausschusses mit einem Sachverhalt, den zuvor der Wehrbeauftragte bearbeitete, von seiner Verantwortung und analog weiterer Untersuchungen entbunden (WBeauftrG 2013: §5). Ihm steht es frei, eigeninitiativ beim Verteidigungsausschuß die nähere Beschau eines Ereignisses anzuregen. Darüber hinaus bewirken folgende Szenarien das Tätigwerden des Wehrbeauftragten: „wenn ihm bei Wahrnehmung seines Rechts aus §3 Nr. 4, durch Mitteilung von Mitgliedern des Bundestages, durch Eingaben nach §7 oder auf andere Weise Umstände bekannt werden, die auf eine Verletzung der Grundrechte der Soldaten oder der Grundsätze der Inneren Führung schließen lassen." (WBeauftrG 2013: §1 Abs. 3 Satz 1) Grundsätzlich darf er solange allein tätig werden, wie sich der Verteidigungsausschuß der tangierten Problematik noch nicht angenommen hat. In dem Moment allerdings, wo letzterer die Sache behandelt, endet (vorläufig) das Engagement des Wehrbeauftragten (WBeauftrG 2013: §1 Abs. 2).

Der Wehrbeauftragte wird in geheimer Wahl mit der Mehrheit der Mitglieder durch den Bundestag für fünf Jahre bestimmt. Wählbar ist jeder Deutsche mit Erreichen des 35. Lebensjahres, der das Recht auf die Wahl zum Bundestag besitzt. Es ist dem Wehrbeauftragten per Gesetz verboten, ein besoldetes Amt, ein Gewerbe oder einen Beruf auszuüben, ebenso wenig darf er der Regierung oder einer vergleichbar gesetzgebenden Körperschaft des Bundes oder eines Landes angehören (WBeauftrG 2013: § 14). Gemäß den elementaren Grundlagen einer Parlamentsarmee soll der Wehrbeauftragte diese jederzeit in Augenschein nehmen können, um seiner jährlichen Berichtspflicht adäquat nachkommen zu können (WBeauftrG 2013: § 1, § 3 Nr. 4). In Anbetracht seiner konstitutiven und zugleich aufwendigen Verpflichtungen verfügt der Wehrbeauftragte über umfangreiche Mittel und Kompetenzen. Derweil darf sich jeder Soldaten jederzeit und ohne Einhaltung des Dienstwegs[75] mit Eingaben und Beschwerden unmittelbar an den Wehrbeauftragten wenden, ohne dienstrechtliche Konsequenzen fürchten zu müssen (WBeauftrG 2013: § 7). Daher wird der Wehrbeauftragte symbolisch als „Ombudsmann der Streitkräfte"[76] bezeichnet.

Für den anschließenden Passus der Auseinandersetzung mit der dem Lehrforschungsprojekt zugrunde gelegten Frage schienen eventuelle Unstimmigkeiten im Rahmen von Integration und Integrationsmaßnahmen im Dienstbereich der Bundeswehr sowie deren Bearbeitung und Kommunikation ein guter Ansatzpunkt der Analyse. Diesbezügliche Eingaben und Beschwerden aus den Reihen der Soldaten figurieren als Seismographen alltäglicher Praxis im Kontrast zu möglichen Inszenierungen gegenüber der Öffentlichkeit, deren Wahrheitsgehalt schwerlich ergründet werden kann. Die zuvor genannten Funktionen charakterisieren den Wehrbeauftragten als eine der zentralen Kontrollinstanzen der Bundeswehr und sollen für eine größtmögliche Transparenz der Streitkräfte sorgen. Die Aufgaben und Funktionen des Wehrbeauftragten sind zu diesem Zweck gemäß dem Wortlaut des Art. 45b Satz 2 GG in einem Bundesgesetz geregelt. Das „Gesetz über den Wehrbeauftragten des Deutschen Bundestages" in der Fassung vom 16. Juni 1982 und seiner letzten Änderung vom 20. Dezember 2001 fixiert folgende Rechte und Pflichten (WBeauftrG 2013: § 3):

1. Er erhält das Recht auf Auskunft und Akteneinsicht beim Bundesminister der Verteidigung bzw. allen ihm untergeordneten Dienststellen, sowie auf

---

75 „Dienstweg" bezeichnet hier den qua Vorschrift administrierten und klar definierten Kommunikationsweg, der vorsieht, daß sich Soldaten mit ihren Anliegen immer an ihren nächsthöheren Dienstvorgesetzten zu wenden haben.

76 Vgl. den Internetauftritt des Wehrbeauftragten (2013: Startseite).

die persönliche Anhörung von Beschwerdeträgern, Zeugen und Sachverständigen.

2. „Er kann den zuständigen Stellen Gelegenheit zur Regelung einer Angelegenheit geben." (WBeauftrG 2013: § 3 Nr. 2)

3. „Er kann einen Vorgang der für die Einleitung des Straf- oder Disziplinarverfahrens zuständigen Stelle zuleiten." (WBeauftrG 2013: § 3 Nr. 3)

4. Seinem Amt steht es zu, unangekündigte Hospitationen in allen Truppenteilen, Dienststellen, Behörden etc., die seinem Regelungs- und Arbeitsbereich unterstehen, vorzunehmen.

5. Ihm wird ein Auskunftsrecht beim Bundesminister der Verteidigung über die Ausübung der Disziplinarbefugnis in den Streitkräften und bei den Bundes- respektive Landesbehörden in Hinblick auf Statistiken über strafrechtliche Begebenheiten bezüglich der Streitkräfte und ihrer Angehörigen eingeräumt (WBeauftrG 2013: § 12).

6. Der Wehrbeauftragte erhält das Recht auf Anwesenheit bei und Akteneinsicht in die seinen Arbeitsbereich betreffenden Straf- und Disziplinarverfahren.

Die angeführten Rechte und Funktionen zeigen zwei Sphären des Wehrbeauftragten. Zum einen tritt er als aktives Hilfsorgan des Parlaments in Erscheinung, welches die Arbeit und Aufgabenerfüllung der Streitkräfte unter Achtung des Grundgesetzes und der bundeswehrinternen Vorschriften überwachen und forcieren soll. Zum anderen fungiert er als passiver Ombudsmann der Soldaten, die ihn formlos und ohne eventuell problematische Einhaltung des Dienstweges um Hilfe ersuchen können. Für diese Verpflichtungen steht dem Wehrbeauftragten ein Mitarbeiterstab von Bundestagsbeamten zur Seite (WBeauftrG 2013: §16 Abs. 2).

Es sollte am Rande Erwähnung finden, daß der Wehrbeauftragte selbst über keinerlei Exekutivkompetenzen verfügt. Veränderungen bzw. die Kompensation von rechtlichen, strukturellen oder sonstigen Unstimmigkeiten obliegen der Legislative oder anderen zuständigen Behörden, Dienststellen und militärischen Vorgesetzten. Hierzu gesellt sich die Auskunftspflicht. Im Zuge dieser veröffentlicht der Wehrbeauftragte des Deutschen Bundestags einen Jahresbericht. In besonderen Fällen fertigt er Einzelberichte über bestimmte Vorkommnisse an (WBeauftrG 2013: § 2).

4.11.2 Der jährliche Bericht des Wehrbeauftragten

Der einmal pro Kalenderjahr erscheinende Bericht des Wehrbeauftragten entwickelt eine Synopse, welche, für Jeden einsehbar, einen Zugang zu den Streitkräften und ein Bild über deren Aufstellung und mögliche Unzulänglichkeiten zeichnen soll.[77] Ein weiteres Instrument begründet der Einzelbericht, der, optional nach Einschätzung des Wehrbeauftragten, bei herausgehobenen Vorfällen bzw. verpflichtend bei Anordnung einer Inaugenscheinnahme durch den Verteidigungsausschuß angefertigt wird (WBeauftrG 2013: § 2 Abs. 2, 3). Er versetzt das Parlament in die Lage, eine fortwährende Überwachung der Streitkräfte aufrecht zu erhalten. Für den Fall auftretender Probleme struktureller Natur dient der Bericht als Handreichung, um die erforderlichen, gesetzlichen Justierungen oder allgemeinen Entscheidungsfindungsprozesse auf belastbare Daten stützen zu können. Dafür widmet sich der Wehrbeauftragte ohne Rücksicht auf parteipolitische oder ressortinterne Befindlichkeiten den Streitkräften mit den ihm zur Verfügung stehenden Mitteln. Vor allem die Eingaben der Soldaten helfen ihm, einen soliden Eindruck der allgemeinen, inneren Verfaßtheit der Bundeswehr zu gewährleisten. Diese geben Aufschluß über dienstliche, soziale und persönliche Probleme der Bundeswehrangehörigen. Die gesammelten Erkenntnisse bereitet er in seinem Bericht an den Bundestag auf (WBeauftrG 2013: § 2 Abs. 1).

Obgleich diese Dokumentation originär für das Parlament bestimmt ist, wird sie für die Öffentlichkeit frei zugänglich gemacht. Der Bericht weist auf Entwicklungstendenzen hin, die nach Meinung des Wehrbeauftragten einer weiteren Prüfung bedürfen respektive in denen sich positive wie negative Phänomene innerhalb der Streitkräfte manifestieren. Er diskutiert neben grundsätzlichen Aspekten, wie Ausbildung, Disziplin oder Ausrüstung, immer auch dem Zeitgeist entlehnte oder in der Öffentlichkeit debattierte Themen. Beispiele hierfür sind einmal der vor allem in den 1990er-Jahren in Deutschland medienwirksam zutage getretene Rechtradikalismus, welcher naturgemäß die Streitkräfte nicht verschonte. Weiterhin die seit der Öffnung aller Teilstreitkräfte für Frauen im Jahre 2001 immer wieder kontrovers diskutierte Integration selbiger in die Streitkräfte oder die Auslandseinsätze, die vor allem seit Beginn des Afghanistan-Einsatzes im Jahre 2002 durch gefallene und verwundete Soldaten immer wieder in den Fokus der Medien gerieten. Eingedenk dieser Erkenntnisse dürften innerorganisationelle Friktionen, die die In-

---

77   Vgl. WBeauftrG 2013: § 2 Abs. 1; Amt und Aufgaben des Wehrbeauftragten 2013.

tegration von Soldaten mit Migrationshintergrund betreffen, im Bericht des Wehrbeauftragten Widerhall finden.

4.11.3 Das methodische Vorgehen

Die Jahresberichte der Wehrbeauftragten wurden mit Hilfe der Suchbegriffe „Integration", „Islam", „Migration", „Muslim" und „Spätaussiedler" durchsucht. Hiermit konnte in einem ersten Schritt eine quantitative Dimension extrapoliert werden. In einem zweiten Schritt erfolgte die Auswertung der aus den Berichten der Wehrbeauftragten herausgefilterten Beiträge, um Aufschluß über die qualitative Dimension des Themas „Integration von Soldaten mit Migrationshintergrund" zu erhalten. Der Internetauftritt des Wehrbeauftragten gewährt Zugriff auf alle Schriftstücke seit 1976, weshalb die Recherche in diesem Jahre einsetzte. Hier sei vorweggenommen, daß die Außerachtlassung davor datierter Berichte keine substanziellen Analysedefizite induzierte, da eine erste, die Thematik des Lehrforschungsprojekts streifende Passage erstmals 1998 ausgemacht werden konnte.

4.11.4 Schlagwortrecherche innerhalb der Jahresberichte

Im Zuge der Sichtung der Jahresberichte ließ sich konstatieren, daß „Integration" als Terminus bereits 1976 auftrat. Bis ins Jahr 2000 adressierte er freilich Aspekte wie den Status der Streitkräfte im Verhältnis zur Gesellschaft oder die Lage ausscheidender Soldaten auf dem Arbeitsmarkt. Mit der uneingeschränkten Öffnung der Bundeswehr für Frauen gewann deren Integration in den Berichten des Wehrbeauftragten nachhaltig an Bedeutung. Das Thema „Integration" unter dem Gesichtspunkt ethnischer Diversität tauchte erstmals 1998 im Kontext problembehafteter Inklusion von Spätaussiedlern auf.[78] Letztere wurden am häufigsten in den Veröffentlichungen thematisiert, und mitunter widmete sich ihnen ein separater Abschnitt. Insgesamt veranlaßte die Sichtung der Berichte anhand der vorher eingeführten Schlagworte zu der Feststellung, daß dieses Thema in den Berichten der Wehrbeauftragten höchst selten vorlag. Wenn überhaupt, handelte es sich um vereinzelte Nennungen mit einer Religion oder speziellen Herkunft assoziierter Unstimmigkeiten.

---

78 Vgl. die Jahresberichte der Wehrbeauftragten (2013)

4.11.5 Die Jahresberichte zum Stichwort „Spätaussiedler"

In den Jahresberichten 1998 bis 2002 wurde augenfällig intensiv die Frage berührt, inwieweit die Integration von Spätaussiedlern optimiert werden konnte. Claire Marienfeld, die Wehrbeauftragte von 1995 bis 2000, schilderte hier die Herausforderungen hinsichtlich Massierung, Cliquenbildung und eklatanter Sprachdefizite (Jahresbericht 2002: 23). In dem Augenblick, da sie potentielle Lösungsansätze darlegte, ließ sich „Talk" identifizieren. Selbst 2012 gewahrten wir zum wiederholten Mal die kritische Stellungnahme eines Wehrbeauftragten, hier Helmut Königshaus, bezüglich des Integrationsstandes von Spätaussiedlern. Intonierte er im ersten Absatz des Abschnittes „Soldatinnen und Soldaten mit Migrationshintergrund", daß er deren Situation „mit besonderer Aufmerksamkeit" verfolge, konnte der anschließende nicht nur positives vermelden. Im Unterschied zu den übrigen Soldaten mit Migrationshintergrund würden vor allem „deutschstämmige Zuwanderer" zur Abkapselung neigen (Jahresbericht 2012: 35). Dieser kurze Passus spiegelte die ambivalente Lage von Herrn Königshaus wider. Aus Sicht der Bundeswehr konfligierte derartiges Verhalten mit den Grundfesten der Organisation. Andererseits durfte Königshaus durch ein zu harsches Vorgehen kein exklusives Auftreten der Streitkräfte vermitteln und damit zukünftige Bewerber abschrecken bzw. die ohnehin fragile Integration der Bundeswehr in die Gesellschaft nachhaltig erschüttern (Jahresbericht 2002: 23). Durch „Talk" wurde ein Mittelweg zwischen der Verwirklichung des Organisationszieles und der Achtung der durch die Umwelt definierten Handlungsmuster gewählt.

Ein Kerncharakteristikum von „Talk" bediente auch der Verweis von Frau Marienfeld auf den Wert der Kameradschaft. Damit saturierte sie einerseits die externen Erwartungen an die Organisation bezüglich ihrer normativen Konstitution; andererseits bürdete sie sich Verantwortlichkeit auf. Sie kommunizierte offen die zu regulierende Angelegenheit und vermittelte die Botschaft, man werde sich unverzüglich der Problematik stellen.

Der Hinweis von Frau Marienfeld auf die baldige Konkretisierung der Antworten konnte wiederum als „Decision" gewertet werden.[79] Eine wesentliche Qualität von Entscheidungen liegt in ihrer vermeintlichen Wirkung, Kontingenz zu beantworten. Die Wehrbeauftragte verfügte damals über be-

---

79   Vgl. den Jahresbericht des Wehrbeauftragten (1998: 18): „Eine zweisprachige Informationsbroschüre ist in Aussicht gestellt [...] Zur Zeit werden Verbesserungsvorschläge [...] beim Kreiswehrersatzamt erarbeitet."

grenzte Informationsbestände, konnte jedoch mitnichten ein Defizit ohne adäquate Lösung aufzeigen, und so beschritt sie den einst gewählten Pfad; die ‚selbstselektive Strukturbildung' pflanzte sich fort. Da sich die politische Führung für die Einbürgerung von Spätaussiedlern entschlossen hatte, konnte Frau Marienfeld allein unter den ex ante definierten Prämissen auslesen. Daher optierte sie für eine Weitergabe der Strategiefindung an organisationsintere Experten. Dies korrelierte mit einem basalen Attribut von „Decisions" ihrer Symbolik und implizierte parallel die Prognose eines funktionalen Outcome. In das Feld der „Actions" konnte die faktische Auseinandersetzung der Kreiswehrersatzämter mit der Frage verortet werden (Jahresbericht 1998: 18).

Im Jahresbericht 1999 konzentrierte sich Frau Marienfeld, partiell durch ihre a priori getroffenen Weichenstellungen determiniert, auf eine breitere Streuung der Spätaussiedler auf unterschiedliche Einheiten und Wege den Sprachbarrieren Einhalt zu gebieten. In erster Linie stieß man, wie im Jahr zuvor, auf „Talk". Die Wehrbeauftragte generierte Legitimität, indem sie klarstellte, daß man sich des Handlungsbedarfes gewahr sei und verantwortungsbewußt reagiere. Analog zum vorherigen Bericht wurde die vorherrschende Imbalance klar kommuniziert; die problembehaftete Beseitigung wurde freilich in die Zukunft verlagert. „Zur Zeit wird durch das Bundesministerium der Verteidigung ein speziell auf die Wehrpflichtigen aus Spätaussiedlerfamilien zugeschnittenes Testverfahren entwickelt." (Jahresbericht 1999: 25) Ferner sah sich Frau Marienfeld mit der Notwendigkeit konfrontiert, „Talk" mittels konsekutiv-kausaler „Decisions" in die Richtung einer Umsetzung, sprich: in „Action" zu übersetzen. Dafür lenkte sie die Aufmerksamkeit auf konkrete Vorgaben für die Kreiswehrersatzämter und die intensivere Beschäftigung des Ministeriums mit dem Sektor „Spätaussiedler". Der Tenor des Wehrberichtes versinnbildlichte eine Eigenart von „Decisions": Die Entscheidung geriet für sich zum Output. Frau Marienfeld sann darauf, ihre Entschlüsse zu positionieren; die substanziellen Handlungen siedelte sie generell bei anderen Institutionen an.

Allein die Fertigstellung einer bilingualen „Informationsbroschüre" firmierte als „Action" bei der Verbesserung der Integration von Spätaussiedlern. Führt man sich die Komplexität vor Augen, sinnhafte Entscheidungen zu fällen, die aufgrund von „bounded rationality" und individueller Unsicherheit weiterhin verstärkt werden, leuchtete die Maßnahme ein, den Kreiswehrersatzämtern die „Action" anzuvertrauen, die ex ante durch eine „Decision" politisch legitimiert worden war (Jahresbericht 1999: 25, 79; 2001: 19). Das bedeutete: In dem Moment, da die Tätigkeit auf ein rechtliches Fundament gesetzt worden war, wurde sie bereits Praxis.

Im Jahr 2000 wartete der Bericht des Wehrbeauftragten neben den bereits betrachteten „Talk" Komponenten mit einem zusätzlichen Abschnitt auf, der auf „Action" hindeutete. Als Reaktion auf die unzureichenden verbalen Austauschfertigkeiten in Deutsch konzipierte das Bundessprachenamt einen ausdrücklich auf die Spätaussiedler zugeschnittenen Test, um frühestmöglich geeignete Maßnahmen einleiten zu können. Dieser Output entstammte der Exekutivebene; nicht das Ministerium oder der Wehrbeauftragte gestalteten materielle Vorgänge, was exakt mit der im Lehrforschungsprojekt explizierten Definition von „Action" korrelierte (Jahresbericht 2000: 25; 2001: 19; 2002: 23).

4.11.6 Die Jahresberichte zum Thema „Soldaten mit Migrationshintergrund"

Im Jahresbericht 1998 wurde erstmals auf Soldaten mit Migrationshintergrund als merkliche Variable in der Bundeswehr eingegangen und auf etwaige mit diesem Momentum verknüpfte Reibungspunkte, die in den Streitkräften mit Hilfe einer geeigneten Sensibilisierung frühzeitig abgewendet werden sollten. Fraglos registrierten wir hier „Talk", wenn einer reinen Vorstellung respektive ersten Einführung zu einem Thema begegnet wurde. Ein zentraler Punkt, der die Aussagen inhaltlich dem „Talk" zurechenbar machte, war die wertebasierte Vermutung, man könne die Integration dieses Personenkreises durch eine zielorientierte Verfahrensweise in der Bundeswehr nachhaltig vorantreiben.[80] Die Jahresberichte 2001 und 2002 präzisierten die dereinst kommunizierten Absichten, die unter Umständen mit einer anderen Religion etc. koalierenden Erfordernisse bestmöglich im Sinne der betroffenen Soldaten zu berücksichtigen. Eine weitere Verfeinerung erfuhr das allgemeine Ansinnen, als die Bundeswehrführung gedachte, „sich der besonderen Anliegen von Soldaten muslimischen Glaubens anzunehmen." (Jahresbericht 2005: 29) Ein Jahr spä-

---

80 Vgl. den Jahresbericht (1998: 41): „Bei sorgfältiger und vorurteilsfreier Herangehensweise von allen Seiten mag sich der Dienst in der Bundeswehr für Soldaten ausländischer Herkunft sogar als Katalysator für eine weitere tatsächliche Integration in die deutsche Gesellschaft erweisen."

ter expandierte man die „intensiven Bemühungen" auf jüdisch stämmige Soldaten (Jahresbericht 2006: 34).[81]

In dem Augenblick, da der Wehrbeauftragte zuvorderst insistierte, man bemühe sich, den gesonderten Ansprüchen der Soldaten mit Migrationshintergrund nachzukommen, im finalen Absatz seiner Ausführungen aber die kulturell induzierten Hindernisse bei der Integration in den Fokus rückte, kristallisierte sich die zeitliche Komponente von „Talk" heraus. In ihr wurde zwischen genuinen Organisationszielen und normativen Eingaben der Umwelt moderiert (Jahresbericht 2001: 19; 2002: 28). Demgemäß kritisierte Wilfried Penner gewisse Spezifika einiger Soldaten mit Migrationshintergrund, verharrte dabei jedoch auf einer auf Verhältnismäßigkeit bedachten Ebene, da möglicherweise der Prozentsatz dieser Soldaten sukzessive wachsen bzw. diese Bevölkerungsgruppe an Bedeutung für die Besetzung von Stellen für Zeitsoldaten an Prominenz gewinnen könnte.

2012 zog Helmut Königshaus hingegen ein äußerst erfreuliches Resümee zum Ist-Zustand der Beachtung religiös oder versorgungsbasierter Maßnahmen für Soldaten mit Migrationshintergrund. Dabei gestand er zu, daß kontinuierlich an der Verbesserung der Konditionen gefeilt werden müßte, indes die Felder „Verpflegung" und „Seelsorge" auf dem richtigen Weg seien. Seine Schilderungen zielten darauf ab, den Eindruck zu erwecken, die Bundeswehr unterstütze aktiv die Integration (Jahresbericht 2012: 35). Adressat des „Talk" schienen die Bevölkerung und expressiv verbis Menschen mit Migrationshintergrund gewesen zu sein, denen der denkbare Arbeitgeber versichern konnte, die Normvorstellungen der Umwelt würden geachtet.

Das Jahr 2009 markierte eine Zäsur auf der Agenda des Wehrbeauftragtenberichtes beim Umgang mit Soldaten, die über einen Migrationshintergrund verfügten. Angesichts personeller Engpässe und universeller Anstrengungen, die Attraktivität der Streitkräfte zu verbessern, präsentierte man Entschlüsse zum funktionaleren Umgang mit diesem Zirkel. Hierbei kamen zwei Schlüsselfaktoren zum Tragen, die für eine Zuordnung zum Handlungsmodus „Decision" sprachen. Erstens pointierte man die „am Zentrum Innere Führung eingerichtete Zentrale Koordinationsstelle für Interkulturelle Kompetenz" (Jahresbericht 2009: 35), d. h. man installierte bildhaft eine vermeintlich zentrale und bedeutsame Institution. Letzteres leitete zum zweiten

---

81 Vgl. in diesem Zusammenhang Klein (2012) über „Jüdische Soldaten in Deutschland in der Vergangenheit und heute".

Signum einer „Decison" über: der Institutionalisierung. Im Gegensatz zum „Talk" wurde nämlich etwas produziert. In Abgrenzung zu „Action" erschuf man aber nichts Greifbares; sondern die Entscheidung, eine Institution mit der „Action" zu betrauen, figurierte als „Decision" (Jahresbericht 2009: 35).

Reinhold Robbe referierte 2009 das Salzburger Forum und dessen Dialogcharakter zwischen Österreich und Deutschland. Dort verständigten sich Wehrdienstleistende über verschiedene Fragen; u. a. reflektierte man die Integration von Soldaten mit Migrationshintergrund. Damit eröffnete sich das erste Mal „Action" im untersuchten Feld. Herausgehoben werden muß hierbei, daß es sich bei den Akteuren um die unterste Ausführungsebene, nämlich Grundwehrdienstleistende, handelte und diese in institutionalisierter Form zusammentrafen (Jahresbericht 2009: 67). Somit entpersonalisierte man den Ursprung des Vorganges und erreichte Legitimität, indem auf ideenbasierte Werte der Organisation ,Bundeswehr' verwiesen werden konnte.

Hellmut Königshaus rekurrierte 2011 auf eine neuerliche „Action". Er würdigte die Ausarbeitung der „zwei Handreichungen unter dem Titel ,Deutsche Staatsbürger jüdischen beziehungsweise islamischen Glaubens in der Bundeswehr.'" (Jahresbericht 2011: 39). Verantwortlich für beide Texte zeichnete das Zentrum Innere Führung. Abermals fand „Action" auf einem ausführenden Level statt. Die Eingaben des Wehrbeauftragten Königshaus demonstrierten prototypisch den nach gängigen Vorstellungen anachronistisch ablaufenden Prozeß von „Decision" bzw. „Action". Seine Darlegungen gründeten auf der „Action", daß zwei Handreichungen erzeugt wurden. Aber erst posteriori wurden sie den „Vorgesetzten wie Untergebenen zur Lektüre empfohlen." (Jahresbericht 2011: 39) Die „Decision" folgte der als legitim perzipierten „Action", so daß de facto bottom up entschieden worden war (Jahresbericht 2011: 39).

Insgesamt konnte der eingangs formulierte Eindruck bestätigt werden, daß sich relativ wenige Berichte der Wehrbeauftragten mit Soldaten mit Migrationshintergrund befaßt hatten. In den überschaubaren Fällen, wenn dies vorkam, beschränkten sich die Beiträge auf wenige Absätze. Ihre inhaltliche Tiefe lieferte derweil genügend Substanz, um die Trias „Talk", „Decison" und „Action" hinlänglich zu operationalisieren. Der Schwerpunkt in den Berichten lag eindeutig beim „Talk", obgleich recht zahlreich „Decisions" ausgemacht werden konnten. Allein „Action" mangelte es an Präsenz, was vornehmlich auf die Quelle zurückgeführt wurden. Die Berichte des Wehrbeauftragten fungierten selten als Bündelung legislativer oder exekutiver Aktivitäten denn mehr als Medium, um Werte zu kommunizieren und zu sanktionieren.

4.12 Der Verein *Deutscher. Soldat. e.V.*

Deutscher. Soldat. e.V. ist eine Bürgerinitiative, die 2011 an der Helmut-Schmidt-Universität/Universität der Bundeswehr in Hamburg (HSU) ins Leben gerufen wurde. Für den Projektbericht steuerte die seinerzeitige stellvertretende Vorsitzende von *Deutscher. Soldat. e.V.*, Lt. Nina Gerdeman, die auch den Initialfunken für das Lehrforschungsprojekt gegeben hatte, eine Darstellung des Vereinsvorhabens bei. Die theoretische Annäherung wurde unabhängig davon erstellt.

4.12.1 Zur Vorgeschichte und den Gründen der Vereinsgründung

Der Verein wurde 2011 auf Initiative von Hauptmann Ntagahoraho Burihabwa, damals Gruppenleiter an der HSU, begründet.[82] Mittlerweile ist Herr Burihabwa der Vorsitzende des Vereins. Den Beweggrund für sein Engagement führte er auf einige Defizite in der 2010 geführten Integrationsdebatte in Deutschland zurück, wesentlich beschleunigt durch das Buch „Deutschland schafft sich ab" von Thilo Sarrazin (2010). Daraufhin beschloß Herr Burihabwa, sich nicht nur mit dem Thema „Integration" in den Streitkräften auseinanderzusetzen, sondern auch einen aktiven Beitrag zu leisten. Dabei sollte darauf hingewiesen werden, daß die Ursachen der Integrationsprobleme zumeist bei den zu integrierenden Bevölkerungsgruppen gesucht würden, ohne die Mechanismen, Strukturen und Verhaltensmuster zu berücksichtigen, die auf

---

82 Hauptmann Burihabwa wurde 1981 in Siegen, Nordrhein-Westfalen, geboren und ist in Deutschland, Großbritannien und Kenia aufgewachsen. Beide Eltern stammen aus Burundi (Ostafrika) und sind im Rahmen eines Stipendiums des deutschen Entwicklungsdienstes (DED) Ende der 1960er Jahre nach Deutschland gekommen. Hauptmann Burihabwa ist im September 2000 – zunächst als Wehrpflichtiger – in die Bundeswehr eingetreten. Zwischen Juli 2001 und September 2004 absolvierte er die Ausbildung zum Offizier in der Panzergrenadiertruppe. Im Zeitraum von Oktober 2004 bis April 2008 studierte er an der Helmut-Schmidt-Universität/Universität der Bundeswehr Hamburg Pädagogik und Geschichtswissenschaft. Nach erfolgreichem Doppelabschluß als Diplompädagoge und Magister Artium erfolgte im April 2008 die Versetzung in das Panzergrenadierlehrbataillon 92, wo er als Zugführer und Verbindungsoffizier eingesetzt wurde. Seit Mai 2008 ist er in der Funktion eines Gruppenleiters an der HSU tätig. 2012 quittierte Herr Burihabwa seinen Dienst bei der Bundeswehr.

Seiten der aufnehmenden Gesellschaft einem erfolgreichen Integrationsprozeß entgegenwirken könnten.

In Zusammenarbeit mit studierenden Soldaten, welche gleichermaßen einen Migrationshintergrund aufwiesen, entwickelte sich aus dieser Idee der Verein D*eutscher. Soldat. e.V.* Der Name sollte unterstreichen, was phänotypisch nicht zwangsläufig deutlich wurde: Alle Mitglieder des Vereins hatten einen Migrationshintergrund und besaßen die deutsche Staatsangehörigkeit, welche unverändert eine Grundvoraussetzung für den Dienst in der Bundeswehr darstellt.

Der Verein intendiert, durch die Verbindung des Namens mit den Bildern von Soldaten mit offensichtlichem Migrationshintergrund bestehende, möglicherweise negativ eingefärbte Perzeptionen aufzubrechen. Denn insbesondere wenn man den Wandel betrachtet, den die deutschen Streitkräfte seit Beginn des 20. Jahrhunderts in ihren Strukturen und bezüglich ihres Verhältnisses zur Gesellschaft durchlaufen haben, sticht ins Auge, wie vielfältig die Bundeswehr ethnisch, kulturell und religiös mittlerweile aufgestellt ist.

4.12.2 Satzung und Selbstdarstellung des Vereins

Um zu untersuchen, welche der drei Handlungsmodi „Talk", „Decision" und „Action" auf das Vereinsgebaren anwendbar wären, wurden die Vereinssatzung und Formen der Selbstdarstellung des Vereins analysiert, der neben der Website *deutschersoldat.de* auch das sozialen Netzwerk Facebook (www.facebook.com/deutschersoldat) für sich nutzt.

4.12.2.1 Die Vereinssatzung

Der zweite Paragraph der Vereinssatzung fixierte den Vereinszweck. Die Nummer 1 der Satzung umriß die Policy, die materialisiert werden sollte. So hieß es dort: „Zweck des Vereins ist die Förderung der Volks- und Berufsbildung sowie die Förderung der Völkerverständigung." (Deutscher. Soldat. e.V. 2011: 1) In diesem Fall erfüllte das geschriebene Wort die Kriterien von „Action", da eine dezidierte Einrahmung des Handlungsraumes des Vereins vorgenommen wurde. Entpersonalisiert, finalisiert und auf ein normenbasiertes Wertedispositiv fundiert, wurde Kontingenz verringert – wenn auch nicht vollends getilgt, da dies keiner programmatisch hinterlegten „Action" gelingt. Unter derselben Ziffer schloß sich ein zweiter Satz an, welcher mit den Worten begann: „Zur Erfüllung dieses Zweckes dient…" (Deutscher. Soldat. e.V. 2011: 1).

Im weiteren Verlauf der erwarteten Präzisierung gewahrte man eine Zäsur, indem „Decisions" zu Tage traten, um wahrscheinliche Anlaufstellen zur Verwirklichung des a priori formulierten Zweckes zu identifizieren. Alternativen wurden eingeengt; es wurde auf Seriosität bzw. Belastbarkeit verheißende Symbole zurückgegriffen und für Außenstehende der Eindruck von Rationalität erzeugt. Der gravierende Unterschied zu einer „Action" kam darin zum Vorschein, daß man „unter anderem durch…" die aufgezählten Maßnahmen etwas zu erreichen suchte. Die Verfasser gingen von bestimmten Aktionsmodi als funktional aus; sie skizzierten einen erhofften Outcome. Das Kennzeichen von Zukunft blieb derweil Unsicherheit. Das heißt: Eine „Decision", hier der Output, fungierte als effizientestes Medium im Dialog mit der Umwelt (Deutscher. Soldat. e.V. 2011: 1).

Bei den übrigen Nummern zwei bis fünf erfolgten Konkretisierungen struktureller Art, die keine konkrete Policy-Bestimmung erfuhren. Vielmehr erblickte man eine weitere Reihe von „Decisions". So ging es um die „Erstellung und Produktion eines audiovisuellen Beitrages"; man war interessiert an „einer besonderen und tiefgründigen Auseinandersetzung […] durch die Erstellung und Veröffentlichung zusätzlicher wissenschaftlicher und journalistischer Schriftstücke"; und es wurde der Anspruch geäußert, daß „keine Person […] durch unverhältnismäßig hohe Vergütungen begünstigt werden" durfte.

Ohne Zweifel wurden die Ideen des Vereins sukzessive institutionalisiert, doch mitnichten in finaler Form. Ein Charakteristikum von „Actions" lag in ihrer Volatilität. Ihnen kam keine Dauer zu, wohingegen der Entschluß, einen audiovisuellen Beitrag zu erstellen, gewiß Kontingenz reduzierte und parallel ausreichend Spielraum für eine spätere Feinkonzeptionierung gewährleistete (Deutscher. Soldat. e.V. 2011: 1).

Der dritte Paragraph regulierte die Bedingungen der Mitgliedschaft. Die in ihm niedergeschriebenen Maßgaben gliederten sich in vier Nummern auf. In seiner Gesamtheit konnte der Zweig „Mitgliedschaft" als „Action" beschrieben werden. Hier wurden kollektive Handlungen für alle Angehörigen des Vereins endgültig und verbindlich statuiert. In dem Augenblick, da sie universell und abschließend entwickelt wurden, garantierten sie Sicherheit: ein wesentlicher Marker von „Action". Ein Auszug aus der dritten Nummer besagte: „Ausgeschlossen kann nur werden, wer gegen die Satzung oder die Vereinsinteressen grob verstößt. Über den Ausschluß entscheidet der Vorstand nach Anhörung des Mitgliedes." (Deutscher. Soldat. e.V. 2011: 2) Die Errichtung allgemeiner Prozeduren für vorher umrissene Modalitäten, beispielshalber ein Ausschlußverfahren, eröffnete den Raum für sinnvolles Handeln jenseits persönlicher Entscheidungen und Befindlichkeiten.

Beim Paragraphen sechs trafen wir desgleichen „Action" an. Diesmal trat eine bis dato nicht thematisierte Spielart von „Action" in den Vordergrund. Wurde im ersten Paragraph u. a. die Policy des Vereins protokolliert, definierte der Punkt „Mitgliederversammlung" haarklein die Polity, d. h. einen Strukturaspekt.[83] Der Grund, Formalia so exakt wie möglich zu entwerfen, lautete: Sie schufen Klarheit, die zu Verläßlichkeit und letztes Endes zur Akzeptanz durch die Betroffenen beitrugen. Dieser Abschnitt nahm den größten Raum in der Satzung ein und zeitigte die genauste Ausgestaltung. Somit wurde Unsicherheit beinahe ausgemerzt, da das Zusammentreffen – plakativ gefaßt – bis auf die Uhrzeit ex ante reglementiert war.

Der achte Paragraph stand in Abhängigkeit zu den jeweiligen Nummern zwischen „Decision" und „Action" alternierend. Während die dritte Ziffer eine klare Aussage über die Polity des Vereins vornahm und als „Action" gesehen werden konnte,[84] kommunizierte die vierte die Obliegenheiten des Vereinsvorstandes.[85] Die Regelung verharrte jedoch auf einem Niveau, das dem Bild der Entscheidung, dem Output, einen höheren Wert beimaß als einem Outcome, das damals nicht absehbar war. Womit es sich um eine „Decision" handelte.

Der Abschnitt zur Auflösung des Vereins, der achte Paragraph, fokussierte erneut den Faktor „Struktur"; wie beim Punkt „Mitgliederversammlung" erfährt der Betrachter en detail, wie der Verein prozedural und unter welchen Voraussetzungen abgewickelt werden mußte. „Die Auflösung des Vereins kann nur von der Mitgliederversammlung mit einer Dreiviertelmehrheit beschlossen

---

83   Vgl. Deutscher. Soldat. e.V. 2011: 2f.): „Mindestens einmal im Jahr, möglichst im ersten Quartal, ist vom Vorstand eine ordentliche Mitgliederversammlung einzuberufen. [...] Jedes Vereinsmitglied hat eine Stimme. [...] Die Tagesordnung setzt der Vorstand fest."

84   Vgl. Deutscher. Soldat. e.V. 2011: 4): „Der Vorstand im Sinne des § 26 BGB besteht aus dem 1. Vorsitzenden und dem 1. und 2. stellvertretendem Vorsitzenden. Jeder von ihnen vertritt den Verein einzeln."

85   Vgl. Deutscher. Soldat. e.V. 2011: 4): „Der Vorstand ist insbesondere verantwortlich für: a) Führung der laufenden Geschäfte".

werden." (Deutscher. Soldat. e.V. 2011: 4) Folglich wurde dies als „Action" bewertet.

4.12.2.2 Selbstdarstellung via Website und facebook

Der Internetauftritt des Vereins bot eine Auswahl zwischen verschiedenen Rubriken, über die man sich informieren konnte. Von der Entstehung des Vereins über Projekte oder das Spendenverfahren bis hin zu Unterstützern fand eine allmähliche Engführung der Inhalte statt. Studierte man die Schilderung der Genese des Vereins *Deutscher. Soldat. e.V.*, bemerkte man, daß der Autor über und nicht aus dem Gegenstand heraus seine Schrift entwickelte. So hieß es dort, mit Verweis auf die Sarrazin-Debatte, daß es „Ntagahoraho Burihabwa 2010 antrieb, eine Initiative gegen diese verzerrte Wahrnehmung zu gründen. Zusammen mit anderen deutschen Offizieren und Offizieranwärtern mit und ohne Migrationshintergrund rief er eine Initiative ins Leben, die 2011 in den Verein Deutscher. Soldat. e.V. mündete." (Deutscher. Soldat. e.V. 2013: Der Verein) Damit geriet die Bewertung zu einem Vabanqueakt. Denn nicht der Verein konnte als Quelle der Darstellung verstanden werden, sondern man wurde mit einem exogenen Autor konfrontiert, der bestimmte Vorgänge nachträglich aufbereitete. Unter dieser Bedingung ließ sich der gesamte Abschnitt unter „Talk" subsumieren. Denkt man die Implikationen einer Autorenschaft und deren Zweck weiter, zeigte sich, daß nicht, wie beim „Talk" oft üblich, eine ideenbasierte, auf die Zustimmung der Umwelt zugeschnittene Interaktionsschablone vorlag, sondern das Ideensystem statuierte die Interaktionsschablone. Der vorletzte Satz „Wir freuen uns allerdings auch über immer mehr zivile Mitglieder, die unsere Vision teilen und unsere Ziele unterstützen." (Deutscher. Soldat. e.V. 2013: Der Verein) regte zu der Spekulation an, inwieweit der stilistischen Komposition bewußt Augenmerk geschenkt worden war. Zudem wurden alle weiteren Beiträge auf der Website aus Sicht des Vereins abgefaßt.

Die Einlassungen zur Vision des Vereins waren vom Standpunkt des Vereines aus formuliert.[86] Als direkten Adressat ihres Zukunftsbildes sprach der

---

86 Vgl. Deutscher. Soldat. e.V. (2013: Vision): „Unsere Vision ist ein Deutschland des Miteinanders, in dem gemeinsame Werte schwerer wiegen als sichtbare Unterschiede. Eine Nation, in der derjenige als Deutscher gilt, der sich als solcher fühlt und wahrgenommen werden will. Wir streben nach einer deutschen Gesellschaft in der die Leistungsbereitschaft einen höheren Stellenwert hat als die Abstammung. Deren Mitglieder, von diesem Willen beseelt, Vielfalt als Normalität und Chance ansehen und sich unabhängig

Verein die Gesellschaft an. Werte und Leitbilder dominierten den Text, der die Botschaft in sich bündelte, das avisierte Ziel sei ein so hehres, daß der Verein es synonym als Utopie deklarierte. Der Verein stellte sich damit eine überaus ambitionierte Herausforderung, womit zwangsläufig Verantwortungsbewußtsein und konsekutiv Legitimität verquickt waren, wollte man die verfolgte Idee nicht gefährden. Mittels „Talk" zeichnete der Verein sein inhaltliches Portfolio, als kommunikatives Konstrukt für die Umwelt aufbereitet.

Das Gros der Internetplattform zeichnete sich durch „Talk" aus. Dennoch fanden sich punktuell Passagen, die auch „Decisions" beinhalteten. In der Unterabteilung „Mitmachen" umschrieb der Verein zahlreiche Wege, sich zu engagieren und je nach Fähigkeit bzw. Präferenz seinen Beitrag zu leisten. Dabei fiel der zweite Satz ins Auge, der etwaige Bewerber ins Bild setzte, ob sie zum erwünschten Pool derer gehörten, die dem Verein beitreten könnten. „Unser Verein steht allen Personen offen, also ausdrücklich auch Zivilisten und Deutschen ohne Migrationshintergrund." (Deutscher. Soldat. e.V. 2013: Mitglied) Der Verein untermauerte ausdrücklich seinen Inklusionswillen und limitierte im gleichen Atemzug zukünftige Alternativen des Handelns. Im Zuge des Votums reagierte der Verein *Deutscher. Soldat. e.V.* auf eine vormals existente Unklarheit, die eingedenk der breiten Öffnung der Organisation einen hohen Symbolwert barg.[87]

Neben der klassischen Website betrieb der Verein eine facebook-Präsenz (Deutscher. Soldat. e.V. 2013: facebook). In diesem Forum wurden vorrangig die materiellen Tätigkeiten des Vereines aufgezeigt. Unter anderem wollte man am 9. August 2013 am Sommerbiwak der 1. Panzerdivision teilnehmen. Außerdem wurden zurückliegende Veranstaltungen einer Vortrags-

von ihrer Herkunft in Freiheit entfalten und einbringen können. / Eine Vision zu haben wird heutzutage oftmals belächelt und alternativ als privatwirtschaftliche PR-Maßnahme oder naiv betrachtet. Wir haben trotzdem oder gerade deshalb eine Vision formuliert, die dem Ziel entspricht, auf das wir hinarbeiten. Entgegen dem Zeitgeist glauben wir, daß man etwas verändern kann, wenn man gewillt ist, Zeit, Geld und Energie einer Sache zu widmen. Unsere Vision soll für andere sichtbar zeigen, was unser Vorschlag für die Zukunft Deutschlands, was unsere Utopie ist."

87   Die Scheidung zu einer Polity-Definition und somit zu „Action" korreliert mit dem Kommunikationsmedium, welches signifikanten Einfluß auf diese Verortung nehmen muß. Hier identifizieren wir eine Absichtserklärung, eine sich nach und nach konsolidierende Struktur. Die Normen der Satzung, die vorher als Polity klassifiziert wurden, heben sich durch ihre Kodifizierung von einem noch nicht materialisierten Entschluß ab.

reihe und die Mitwirkung des Vorsitzenden am Nationalen Integrationsgipfel dokumentiert.

Bei der Reflektion des Vereins *Deutscher. Soldat. e.V.* kamen alle drei Handlungsmodi zum Vorschein, und das in relativer Ausgewogenheit. Ein Grund mochte die offenkundige Außenorientierung des Vereins sein, die es zur basalen Prämisse machte, „Talk" wie „Actions" zugänglich zu gestalten. Äquivalent zu einem Großteil der bisher untersuchten Gegenstände ermangelte es jedoch auch hier einer stringenten, substantiellen Verkettung von „Talk", „Decision" und „Action".

4.12.3 Die theoretische Einordnung

Um genauer darzulegen, welche der drei Handlungsmodi „Talk", „Decision" und „Action" auf das Beispiel *Deutscher. Soldat. e.V.* anwendbar waren, muß nach der Darstellung von Hintergrund und Ziel der Initiative zunächst kurz auf die Arbeitsweise des Vereins eingegangen werden. Neben der bereits angesprochenen Website sowie der Nutzung des sozialen Netzwerks Facebook zur Selbstdarstellung war der Verein besonders auf die Betrachtung und Darstellung von außen durch die Medien angewiesen. Sowohl die Idee der Initiative als auch die Zielumsetzung mußten im engen Schulterschluß mit der öffentlichen Wahrnehmung gesehen werden. Es ist wohl deutlich geworden, daß das Vereinsziel kein materielles war, wie beispielsweise bei Gewerkschaftsinitiativen, die für bessere Arbeitsbedingungen oder höheren Lohn kämpfen. Vielmehr war es das Ziel des Vereins, einen Diskurs zu mobilisieren und die Beschäftigung mit Integration und Migration in all ihren Facetten. Um diese Initiative aus dem Verein heraus in die Gesellschaft zu tragen, brauchte er die Massenmedien. Innerhalb der Organisation ‚Bundeswehr' sorgten insbesondere Konferenzen, ausgehend vom Zentrum Innere Führung, für die Bekanntheit des Vereins. Die Medienberichterstattung war jedoch von ungleich größerer Bedeutung, da diese großen Anteil am Bekanntwerden einer Initiative und der Wahrnehmung ihrer Anliegen hatte. Die Massenmedien verbanden die Initiative mit ihrem Hauptadressaten, der deutschen Bevölkerung.

Die größte Aufmerksamkeit erlangte der Verein bisher über einen Beitrag in der ARD, im Magazin Fakt, ausgestrahlt am 18. Juli 2011 (www. mdr.de/fakt/Bundeswehr106.html). Diese Sendung führte insbesondere im Mitte-Rechts-Spektrum zu Diskussionen (Junge Freiheit). Letzteres konnte zwar als „Talk" über den Verein verstanden werden, hatte jedoch nicht automatisch zur Folge, daß die Initiative dem reinen „Talk"-Spektrum zugeordnet werden konnte. Dies soll genauer untersucht werden.

Im Theoriekapitel wurde aufgezeigt, daß „Talk" als kommunikativer Ablauf verstanden werden kann, der sowohl innorganisatorisch als auch im Austausch mit der Umwelt eingesetzt wird. Ein kommunikativer Ablauf fand sich sowohl über den Verein hinaus als auch im Sinne der eigentlichen Vereinsarbeit wieder. Als Verein öffentlich wahrgenommen zu werden, setzte eine öffentlichkeitsrelevante Selbstdarstellung, die Beteiligung an Konferenzen und die Betrachtung von außen durch die Medien voraus. Damit fand „Talk" nicht nur innerhalb des Vereins und der Organisation ‚Bundeswehr', sondern auch im Austausch mit der Umwelt statt. Diesen „Talk" an konkreten Quellen fest zu machen, war jedoch schwierig, da er sich hinsichtlich des Vereins, im Sinne des Wortes, überwiegend im Rahmen des Mündlichen bewegte. Bekanntheit erlangte der Verein ferner durch das verbale Networking. In dieser frühen Phase der Existenz war die Initiative darauf angewiesen, Einflußübende aus Militär und Presse anzusprechen, die wiederum als Multiplikatoren dienen sollten. Deshalb wurden mehrere Maßnahmen angestoßen, die bislang jedoch nicht zur Umsetzung gekommen waren.

Wie im Theoriekapitel ebenfalls angeklungen, trägt „Talk" wesentlich zur Legitimation bei. Dies galt entsprechend für den Verein. Die Bedeutung von „Talk" für die Vereinsarbeit ließ sich jedoch weiter betrachten, und zwar unter dem Aspekt, daß auch „Decisions can be described as a kind of talk" (Brunsson). In diesem Sinne konnte „Decision" als eine Facette von „Talk" betrachtet werden, wodurch eine eindeutige Trennung beider kaum mehr möglich war. Hinsichtlich des Vereins gestaltete sich diese Trennung besonders schwierig. Um hier Abhilfe zu schaffen, wurde als zusätzliches Kriterium die Aktenkundigkeit als Merkmal von „Decision" aufgenommen.

Aktenbekundeter „Talk", der als „Decision" verstanden werden kann, fand sich bei der Initiative nur, sofern es um die Vereinsgründung und die Eintragung ins Vereinsregister ging. Diese waren am ehesten geeignet, die tatsächliche Umwandlung von „Talk" zu „Decision" zu verdeutlichen: Die Vereinsgründung festigte losen „Talk" und traf die konkrete Entscheidung, innerhalb eines strukturellen Rahmens die Arbeit aufzunehmen. Außerdem konnte von „Decision" auch deshalb gesprochen werden, weil eine Auswahl von und zwischen mehreren Alternativen stattgefunden hatte, nämlich der Möglichkeit, weiter über einen Sachverhalt ‚nur' zu reden, oder ein Projekt zu realisieren, das den „Talk" institutionalisierte.

„Action" ist demgegenüber als materialisierender Vorgang definiert. Nach Brunsson findet entgegen der möglichen Einheit von „Talk" und „Decision" eine klare Trennung zwischen „Talk" und „Action" statt; diese war jedoch bei der Betrachtung des Vereins wiederum schwer durchzuhalten. Die Initiative sowie die von ihr gesteckten Ziele lebten vom Diskurs, von der Unterhaltung und Wissensreproduktion. Dabei handelte es sich dem Anschein nach um „Talk"; allerdings war dieser Teil, das Herstellen von Öffentlichkeit, womöglich sogar der Hauptbestandteil, die „Action" des Vereins. Da der Output des Vereins aber kein materieller war, sondern ein verbaler Impuls zur Integrationsdebatte, siedelte sich auch das Handeln und Machen der Mitglieder in diesem Feld an. Betont werden muß jedoch, daß mit dem Verein *Deutscher. Soldat. e. V.* nicht die Mitgliedschaft der Organisation ‚Bundeswehr' insgesamt, sondern nur eine Teilpopulation betrachtet wurde, die sich auf vergleichsweise wenige Soldaten beschränkte. Deshalb konnte man auch kaum zwischen übergeordneter und ausführender Ebene unterscheiden, was vor allem für das Auffinden von „Action" in Letzterem erforderlich gewesen wäre.

Betrachtete man den Verein in Beziehung zum Untersuchungsgegenstand „Integration von Soldaten mit Migrationshintergrund" und der Frage der Zuordnung von „Talk", „Decision" und/oder „Action", konnte hinterfragt werden, ob die Vereinsgründung als bundeswehrexterne „Action" (ohne übergeordnete „Decision") in Reaktion auf ein zu geringes Maß an „Talk" zu sehen war. Diese Frage konnte für diesen Abschnitt nicht allgemein mit ‚ja' beantwortet werden. Anlaß für die Vereinsgründung war das Fehlen einer Repräsentationsinstanz, die in der Lage gewesen wäre, bestehende biographische Realitäten in den Streitkräften abzubilden. Über das Thema „Soldaten mit Migrationshintergrund" gab es keinen ausreichenden „Talk", zumindest keinen, der von den Vereinsmitgliedern wahrgenommen worden wäre.[88]

Festzuhalten blieb, daß bei der Betrachtung des Vereins *Deutscher. Soldat. e.V.* keine klare Trennung zwischen den drei Beobachtungsgrößen Brunssons möglich erschien. Die Initiative bestand zu solch großen Teilen aus Öffentlichkeitsarbeit, daß sich „Talk", „Decisions" und „Actions" weitestgehend überschnitten und die Beispiele alle drei Handlungsmodi beinhalteten. Dies widersprach jedoch nicht grundsätzlich der Aufteilung Brunssons.

88   Subjektive Wahrnehmung von Lt. Gerdeman.

4.13 Die Charta der Vielfalt und der Beitritt der Bundeswehr 2012[89]

2012 trat die Bundeswehr der Charta der Vielfalt bei, ein Dokument, das für die vorliegende Problemstellung einen besonderen Stellenwert besitzt. Deshalb auf die Bedeutung dieses Dokuments im allgemeinen und für die Bundeswehr im besonderen kurz eingegangen werden.

4.13.1 Die Charta der Vielfalt: Idee und Verlauf

„Die Charta der Vielfalt ist eine Unternehmensinitiative zur Förderung von Vielfalt in Unternehmen." (Charta der Vielfalt 2011) So lautet die Selbstbeschreibung eines Zusammenschlusses von Unternehmen und öffentlichen Stellen, die in einem offenen Dialog gesellschaftliche Diversität gewinnbringend problematisieren wollen. Neben der Wirtschaft befürwortet auch die Politik Bestrebungen, Diversität in allen Facetten zu fordern und zu fördern. Die aktuelle Bundeskanzlerin Frau Dr. Angela Merkel fungiert dabei als Schirmherrin des Projektes.

Vorrangig beschäftigt sich die Agenda der Charta mit ökonomischen Optimierungschancen im weitesten Sinne. Diversität (oder Vielfalt) gerät zu einer vitalen Stellgröße, so die Botschaft der Charta, will ein Unternehmen fortbestehen. Insbesondere das ‚Arbeitsumfeld', d. h. die Ebene der Wertschöpfung, wird explizit aufgegriffen. Angestellte dürften nicht aufgrund „von Geschlecht, Nationalität, ethnischer Herkunft, Religion oder Weltanschauung, Behinderung, Alter, sexueller Orientierung und Identität" (Charta der Vielfalt 2011: Über die Charta) diskriminiert bzw. anders behandelt werden.

Die Erstunterzeichner aus dem Jahre 2006 repräsentierten allesamt multinationale Konzerne von Weltrang, darunter Daimler, die Deutsche Bank und die Deutsche Telekom. Bei stetiger Zunahme haben 2012 über 1.500 Firmen und öffentliche Körperschaften die Charta der Vielfalt paraphiert. Mit der Charta befaßte sich das Forschungsprojekt als einem Schriftstück, so daß es nahe lag, man würde massiert auf „Talk" stoßen. Anfangs wurde diese Vermutung auch bewahrheitet.

„Talk" wird dadurch typisiert, daß es sich um ein Ideensystem und in der Konsequenz um ein Interaktionsmodell handelt. Im Wesentlichen sinnt

---

[89]   Sämtliche Daten wurden über die Homepage www.charta-der-vielfalt.de/charta-der-vielfalt/ueber-die-charta.html (Zugriff am 3.08.2013) sowie www.boell.de/downloads/Charta-der-Vielfalt.pdf (Zugriff am 2.08.2013) bezogen.

eine Organisation danach, Legitimität in der Interaktion mit der Umwelt zu erreichen. Diese fußt nicht unerheblich auf der externen Wahrnehmung vom Verantwortungsbewußtsein der jeweiligen Organisation, welches diese dadurch demonstriert, daß sie mit Werten operiert und selbige in die eigene Konstitution einspeist, die aus ihrem Umfeld stammen. So heißt es in der Charta der Vielfalt (2006: 6): „Wir können wirtschaftlich nur erfolgreich sein, wenn wir die vorhandene Vielfalt erkennen und nutzen. Die Vielfalt der Mitarbeiterinnen und Mitarbeiter mit ihren unterschiedlichen Fähigkeiten und Talenten eröffnet Chancen für innovative und kreative Lösungen."

In diesem Vorwort, aus dem gerade zitiert wurde, dominieren globale Aussagen, die dank ihrer Universalität nichts oder niemanden ausschließen. Der erste Satzungspunkt der Charta spitzt dies nochmals zu, wenn er avisiert, man wolle „eine Unternehmenskultur pflegen, die von gegenseitigem Respekt und der Wertschätzung jedes Einzelnen geprägt ist." (Charta der Vielfalt 2006: 7) Dies erweist sich als genuiner „Talk", denn mit „Talk" versucht eine Organisation, den günstigsten, d. h. reibungsärmsten Weg auf die sie fundamental beeinflussende Umwelt einzuschlagen. Neben den angeklungenen Werten und Ansichten, die sie einkalkulieren muß, meidet jede Organisation allzu leichtfertig festgelegte Positionierungen, an denen ihr Verhalten gemessen werden kann. Sonst riskiert sie nämlich allzu schnelle Enttäuschungen.

Der erste Punkt der Charta der Vielfalt impliziert darüber hinaus eine Entscheidung, die wie folgt lautet: „Dabei kommt den Führungskräften bzw. Vorgesetzten eine besondere Verpflichtung zu." (Charta der Vielfalt 2006: 7) Maßgeblich bei „Decisions" zeichnet der Symbolwert. Erinnert man diese Größe, wirkt die Pointierung eines bestimmten Struktursegmentes innerhalb der Organisation, hier der Führungskräfte, konsistent. Gleichwohl determiniert die Charta mit der einmal kommunizierten Entscheidung den vor ihr liegenden Pfad. In Anlehnung an Niklas Luhmann kennzeichneten wir dies als ‚selbstselektive Strukturbildung'. Ohne stichhaltige Argumente und mit der Gefahr verknüpft, Glaubwürdigkeit einzubüßen, könnte ebenso im Nachhinein auf den untersten Ausführungssektor, die Politik usw., als die Verantwortungsträger verwiesen werden. Man votierte jedoch für Führungskräfte und Vorgesetzte als exponiertem Personenkreis, was durchaus die Qualität eines Outputs der Charta beanspruchen kann, womit ein erhebliches Signum für „Decisions" vorlag.

Der zweite und dritte Absatz der Charta kann man mit *Effizienz durch optimale Ressourcendisposition* umschreiben. Hierbei macht man Gebrauch von

Schlagworten wie „Unsere Personalprozesse", „Vielfalt der Gesellschaft" oder „Alle Mitarbeiterinnen und Mitarbeiter". Die Beispiele verdeutlichen den Willen der Charta zu untermauern, wie allumfassend Verantwortung exerziert wird. Auf welcher besseren Basis könnte der Umgang mit Angestellten und Konsumenten respektive dem von einem Unternehmen berührten Umfeld gründen denn auf der von Egalität, Neutralität und gegenseitiger Wertschätzung? Damit kann in beiden Punkten „Talk" lokalisiert werden: Alle Stellungnahmen bewegen sich in einer deklaratorischen, die Affirmation der Außenwelt anstrebenden Sphäre. Gleiches muß für den vierten bzw. sechsten Punkt konstatiert werden.

Derweil kommt im fünften Anstrich ein Entschluß zum Tragen, der als Sinnbild in der Charta verankert wurde. In ihm wird formuliert, daß man über die „Aktivitäten und den Fortschritt bei der Förderung der Vielfalt und Wertschätzung jährlich öffentlich Auskunft geben" wolle (Charta der Vielfalt 2006: 7). In diesem Moment wird eine solche Stellungnahme zur „Decison", indem man sich festlegt und aus Alternativen selektiert, was zur Reduktion von Kontingenz beiträgt. Ebenso gut wäre es denkbar, jeweils organisationsinterne Papiere zu präferieren oder grundsätzlich auf eine Evaluation zu verzichten. Ausschlaggebend dürfte aber die antizipierte starke Außenwirkung in Verbindung mit den selbst niedergelegten Ansprüchen sein. Die Botschaft lautet: Die unterzeichnenden Parteien schmücken sich keineswegs mit leeren Versprechungen. Mit der Auflage jährlicher Bestandsaufnahmen konstruieren sie den Eindruck der Nachhaltigkeit und Belastbarkeit der Charta der Vielfalt.

4.13.2 Die Charta der Vielfalt: Ihre Bedeutung für die Bundeswehr

Die Bundeswehr trat der Charta 2012 bei. Dieser Schritt erfüllte die Kriterien von „Action", obgleich er keine materiellen Produkte mit sich brachte. Mit der Bereitschaftserklärung, den Maßgaben der Charta in der Organisation Geltung zu verschaffen, legte sich die Bundeswehr auf eine ganzheitliche und institutionalisierte Verfahrensweise fest. Helmut Königshaus, der Wehrbeauftragte, beschrieb jene Policy-Festsetzung in seinem Jahresbericht (2012: 35): „Das Bundesministerium der Verteidigung hat die Relevanz des Themas erkannt und im Berichtsjahr auch die […] ‚Charta der Vielfalt' unterzeichnet." Auf der höchstmöglichen Fachebene wurde Top down administriert, wie die Frage jedweder Diversität gehandhabt werden sollte.

Vergleicht man die Spanne zwischen Initiierung der Charta der Vielfalt und dem Beitritt der Bundeswehr, gerade angesichts der namhaften Erstunterzeichner und des Engagements der Regierung, überraschte der späte Beitritt. Immerhin erschien 2011 vom SoWI ein Sammelband zur Thematik „Integration von muslimischen Soldaten in nicht muslimischen Ländern", der einen Beitrag umfaßte, in dem es gerade um „Diversity Management" in der Bundeswehr ging. Darin hieß es: „public institutions have by now realized that the acceptance and appreciation of cultural diversity might even contribute to the success of their business." (Menke et al. 2011: 15) Und vergegenwärtigte man sich die Berichte der Wehrbeauftragten, konnte diese These mitgetragen werden. Sei es die Achtung religiöser Limitierungen bei der Verpflegung oder das Entgegenwirken bei Cliquenbildung: Die Bundeswehr verfuhr durchaus bewußt und zielorientiert in Hinblick auf Vielfalt in den eigenen Reihen. Der zitierte wissenschaftliche Beitrag hob gleichermaßen auf die Herausforderungen u. a. von „parallel societies" ab und prognostizierte als Resultat „Demands for more diversity" (Menke et al. 2011: 16).[90]

Während der Beschäftigung mit der Charta der Vielfalt erfüllte sich die Vermutung, größtenteils Ansatzpunkte für „Talk" aufzudecken, woraufhin sich mit degressiver Tendenz Ansatzpunkte für „Decison" bzw. „Action" ergaben. Da die Charta eine institutionalisierte Absichtserklärung repräsentiert, war dieses Fazit absehbar. Die zeitliche Verzögerung zwischen dem Entstehen der Charta und der Übernahme durch die Streitkräfte wies eminente prozessuale Schnittmengen mit der allgemeinen Herangehensweise der Bundeswehr in Sachen „Integration von Soldaten mit Migrationshintergrund" auf. Obwohl Handlungsbedarf registriert wurde, zögerte die Bundesehr bei der Gestaltung von Antworten, selbst wenn sie im Feld des „Talk" beheimatet waren.

Die von Brunsson entlehnte Hypothese, daß „Talk", „Decision" und „Action" keinesfalls eine logische Kausalkette bilden oder eine konsequente Direktwirkung aufeinander entfalten müssen, plakatiert die Charta der Vielfalt hervorragend. 1998 wurde im Bericht des Wehrbeauftragten auf die mangelhafte Integration einiger Spätaussiedler und entsprechende Reaktionen als es-

---

90 In diesem Zusammenhang stellt sich die Frage, ob die Bundeswehr ein vergleichbares Programm vorhält wie das US-amerikanische *Defense Equal Opportunity Management Institute* (DEOMI) mit den neun Leitprinzipien *Respect, Excellence, Awareness, Diversity, Innovation, Nation, Exchange of Ideas, Selfless Service* und *Support*, vgl. Kümmel 2012.

sentielle Prämisse zur Verbesserung dessen angeregt. Noch 13 Jahre danach publizierte das SoWI, also ein organisationinterner ‚Thinktank‘, Handreichungen für den funktionaleren Umgang mit Soldaten, die einen Migrationshintergrund aufwiesen. Nach einem weiteren Jahr schloß sich die Bundeswehr der Charta an. Bis materielle Handlungen, sprich: „Actions“, in größerem Maße eingeleitet worden sind, wird vermutlich noch weitere Zeit verstreichen.

5   Schlußfazit

Nachfolgend sollen einige der im Rahmen dieser Abhandlung gewonnenen Erkenntnisse abschließend hervorgehoben werden. Ziel der Arbeit war es, den Stand der Integration von Soldaten mit Migrationshintergrund in der Bundeswehr zu analysieren. Darüber hinaus war untersucht worden, welcher Formen der Selbstdarstellung, Entscheidungen und Handlungen diese Integrationsbemühungen sich die Bundeswehr dazu bediente. Zu diesem Zweck war die Abhandlung in drei Kapitel gegliedert worden, die sich mit den ersten entsprechenden Eigeninitiativen der Bundeswehr, der Theorie und den Ergebnissen der Untersuchung beschäftigten.

Nach einer kurzen Darstellung der zugrundeliegenden Problemstellung wurden im Theoriekapitel die drei Handlungsmodi „Talk", „Decision" und „Action" vorgestellt, um diese dann im empirischen Teil auf die untersuchten ‚Analyseobjekte' anzuwenden.

Für den Abschnitt, der mit der Analyse der Zeitschrift *Bundeswehr aktuell* befaßt war, ließen sich die drei von Brunsson explorierten Handlungsmodi zweifelsfrei erkennen und in ihrer Ausprägung eindeutig abgrenzen. Die Ergebnisse fielen vergleichbar zu den im Rahmen des Forschungsprojekts durchgeführten Interviews aus. Die Auswertung der *aktuell* unterstrich darüber hinaus die Problematik der schnellen Abfolge von „Action" im Vergleich zur relativ zeitintensiven Entscheidungsfindung. Konkret bedeutete dies, daß „Decisions" oftmals nicht den Taten vorangestellt werden konnten. Sie mußten ex post Legitimität beschaffen oder de facto Abläufe formal integrieren.

Bei den politischen Parteien konnte hinsichtlich der untersuchten Quellen ausschließlich „Talk" identifiziert werden. Doch insbesondere die organisationale Ausrichtung der Parteien, das heißt in letzter Instanz: die Absicht, die Gunst der Wähler für sich zu gewinnen, spiegelte sich in ihren Positionierungen zur Frage der Integration von Soldaten mit Migrationshintergrund in der Bundeswehr wider. Nach Brunsson strebt „Talk" danach, ein Ideensystem zu vermitteln, und exakt darin lag das Kerninteresse der Parteien. Sowohl in der digitalen Korrespondenz als auch in den recherchierten Positionspapieren wurde deutlich, daß alle Äußerungen auf die potentielle Bejahung der Umwelt abstellten, und das möglichst breit gefächert. Dabei reichte der „Talk"-Ansatz, um Legitimität durch Verantwortung zu erwirken, soweit, daß sich alle Parteien sehr allgemein äußerten und inklusive Formulierungen wählten, die viel Raum für Interpretationen ließen. Faktisch waren die Einlassungen zur Frage der Integration von Soldaten mit Migrationshintergrund zu unspezifisch, um konkrete Entscheidungen oder gar „Action" ableiten zu wollen. Damit unterstrichen diese Erkenntnisse die These Brunssons, wonach „Talk" nicht zwangsläufig den Ausgangspunkt von „Decision" und „Action" darstellt.

Bei der Bearbeitung des Themas „Selbstdarstellung und Migrationsthematik" in den Videos der Bundeswehr hatte sich ebenfalls manifestiert, daß die Theorie von Brunsson anwendbar war. Die manchmal unscharfe Trennung der drei Handlungsmodi „Talk", „Decision" und „Action" entsprach der mehrdeutigen Absicht der Bundeswehrvideos. Wollten die Werbespots der Organisation Bundeswehr zeigen, daß sie die Integration forderte oder förderte? Zeigten sie, daß Staatsbürger mit Migrationshintergrund gesucht wurden? Oder wollten sie die eigene Vorbildlichkeit im Bereich der Integration demonstrieren? Diese Unschärfe ermöglichte es der Bundeswehr, die Entstehung von Verbindlichkeiten zwischen „Talk", „Decision" und „Action" zu vermeiden. Diese „Organized Hypocrisy" war durch die Analyse verschiedener Videos im alleinigen Kommunikationsbereich zu beobachten gewesen: Es gab eine massive Diskrepanz zwischen den Werbespots und den Reportagen der Bundeswehr bezüglich der Integrationsthematik. In den Werbespots wurden Soldaten mit Migrationshintergrund überrepräsentiert, während sie in diversen Reportagen kaum auftauchten. Dies sprach zwar für eine klare neue Rekrutierungsstrategie der Organisation, gleichzeitig aber auch für eine organisierte Schizophrenie bzw. ‚Heuchelei'.

Im Abschnitt „Nachwuchsgewinnung von Soldaten ohne deutschen Paß" zeigte sich, daß es nach der Aussetzung der Wehrpflicht und im Zuge der Umgestaltung der Bundeswehr in eine Freiwilligenarmee zu einem Mangel an Personal hatte kommen müssen. Das Problem der Nachwuchsgewinnung und die Suche nach Möglichkeiten, um Nichtdeutsche einzustellen, waren als „Talk" zu verstehen. Die Bekanntmachung des „Maßnahmenpakets zur Steigerung der Attraktivität des Dienstes in der Bundeswehr" am 5. Januar 2011 entsprach in diesem Zusammenhang dem Brunsson'schen Handlungsmodus „Decision". Eine verbindliche Entscheidung war bis dahin nicht gefallen. Demnach konnte noch nicht von „Action" gesprochen werden. Ein möglicher Grund dafür war eine nicht erfolgte Novelle des Soldatengesetzes (SG), das bislang nur Deutsche zur Einstellung in der Bundeswehr zuläßt.

Grundlage der empirischen Daten zum Thema „Migration in der Bundeswehr" bildeten die SoWI-Studie „Das Integrationspotential von Streitkräften in Migrationsgesellschaften" sowie das Arbeitspapier 1/2010 des Zentrums Innere Führung mit dem Titel „Deutsche Staatsbürger muslimischen Glaubens in der Bundeswehr". Darüber hinaus wurden die Zentralen Dienstvorschriften 10/1, 10/5 und 20/1 systematisch auf Hinweise zur Integrationsdebatte untersucht.

Zusammenfassend war für die empirische Datenlage festzustellen, daß die Bundeswehr mit Blick auf den relativen Migrationsanteil von zwölf Prozent durchaus einen Spiegel der Gesellschaft darstellte, daß aber mit Bezug auf die kulturelle Diversität keine adäquate Korrespondenz bestand, gerade weil etwa der Anteil türkischstämmiger Soldaten deutlich unterrepräsentiert war, oder auch bezüglich der Frauen.

In diesem Kontext gab es vom Zentrum Innere Führung keine speziellen integrationsspezifischen Vorschriften – wobei die ZDv 10/1 noch die meisten enthielt, wenn auch wenige verbindliche Formulierungen zum Umgang mit kultureller Vielfalt innerhalb der Bundeswehr.

Für das Segment der Interviews ließen sich die drei von Brunsson explorierten Handlungsmodi „Talk", „Decision" und „Action" zweifelsfrei erkennen und in ihrer Ausprägung abgrenzen. Die Befragten veranschaulichten in ihren Eindrücken beispielhaft die unterschiedliche und teilweise konträre Rationalität der drei betrachteten Handlungsmodi. Es muß jedoch vor diesem Hintergrund herausgestellt werden, daß weder die Annahmen von Brunsson dies negativ konnotieren noch der Organisationsalltag darunter leidet. Vielmehr, und das war der zentrale Erkenntniszuwachs mittels der Theorie, müssen die Abweichungen von „Talk" zu „Decision" und wiederum zu „Action" als funktionales Erfordernis für den Fortbestand und die Handlungsfähigkeit einer Organisation gesehen werden, die sich im ständigen Austausch mit ihrer Umwelt befindet.

Bei der Untersuchung des Vereins *Deutscher. Soldat. e. V.* wurde festgestellt, daß keine klare Trennung zwischen den drei Handlungsmodi möglich war. Die Initiative betrieb zur damaligen Zeit derart viel Öffentlichkeitsarbeit, daß sich „Talk", „Decisions" und „Actions" weitestgehend überschnitten und die Befunde alle drei beinhalteten. Zusammengefaßt konnte nachgewiesen werden, daß „Talk" über Öffentlichkeits- und Pressearbeit innerorganisatorisch und im Austausch mit der Umwelt stattfand. Weiterhin wurde festgelegt, daß sich „Decision" und „Talk" nicht eindeutig voneinander trennen ließen, da Entscheidungen auch eine Form von „Talk" sein konnten. Als eindeutige und manifestierte „Decision" konnte lediglich die Vereinsgründung gewertet werden. Abschließend wurde deutlich, daß auch die „Action", also das Machen, das Produkt des Vereins, „Talk" war. Das Handeln der Vereinsmitglieder bewegte sich fast ausschließlich im Bereich der Öffentlichkeitsarbeit. Auch materielle Produkte wie Portfolios, Artikel und die Website dienten dem Bekanntwerden der Initiative und dem gesellschaftlichen Diskursimpuls. Es zeigte sich also, daß der Verein sich in allen drei Analysekategorien gleich verhielt und eine Trennung nach Brunsson somit für das Beispiel *Deutscher. Soldat. e. V.* nicht möglich war.

Vor dem Hintergrund des demographischen Wandels und der Globalisierung wurde festgestellt, daß die heutige Gesellschaft sich aus verschiedenen Kulturen konstituiert. Diversität ist in diesem Zusammenhang ein bleibender und stetig wichtiger werdender Faktor geworden. Aufgrund dieser Tatsache hatten sich einige Unternehmen entschieden, sich dieser Entwicklung anzupassen. Die Charta der Vielfalt existiert seit 2006 und wurde 2012 von der Bundeswehr unterzeichnet. Im entsprechenden Abschnitt „Charta der Vielfalt" wurde in Anlehnung an die Theorie Brunssons gezeigt, inwiefern die Charta innerhalb der Organisation ‚Bundeswehr' zu einer verbesserten Integration von Soldaten mit Migrationshintergrund führen konnte. Die Charta der Vielfalt artikuliert verschiedene Ziele, legt jedoch einen Schwerpunkt auf die Schaffung eines Arbeitsumfeldes ohne Vorurteile. Ergebnisse bzw. Folgen der Umsetzung der Charta können hierbei in Unternehmen beobachten werden. Eine fortschreitende Entwicklung von „Talk" über „Decision" zu „Action" war in diesem Zusammenhang gut zu beobachten. Die Bundeswehr merkte, daß sie als Organisation ein Spiegel der Gesellschaft darstellte und sich anpassen mußte. Es wurde festgestellt, daß erstens die Bundeswehr Probleme bei der Nachwuchsgewinnung hatte. Zweitens sollte die Bundeswehr als Spiegel der Gesellschaft dargestellt werden, daher sollten mehr Soldaten mit Migrationshintergrund eingestellt werden. Zu guter Letzt sollte eine gesteigerte Wertschätzung der zwölf Prozent der deutschen Soldaten mit Migrationshintergrund erreicht werden. Aufgrund dieser Überlegungen bewegte sich die Bundeswehr auf der „Decision"-Ebene, indem sie sich entschlossen zeigte, diesem Trend nachzugeben. Als „Action" war in diesem Fall lediglich die Unterzeichnung der Charta zu betrachten.

Jetzt ist es an der Zeit zu verfolgen, ob der Unterzeichnung der Charta effektive Maßnahmen („Actions") folgen, die die Position der Soldaten mit Migrationshintergrund stärker berücksichtigen. Zwei denkbare Ergebnisse dieses Prozesses lassen sich dabei bereits an dieser Stelle formulieren. Der Beitritt der Bundeswehr zur Charta kann sich in Form der Wertschätzung von Minderheiten, Steigerung der Produktivität der Bundeswehr und höheren Einstellungszahlen von Soldaten mit Migrationshintergrund positiv auswirken. Aber auch ein negatives Resultat wie zum Beispiel die Entstehung von Vorurteilen gegenüber Soldaten mit Migrationshintergrund ist denkbar, weil diese bevorzugt werden. Als beispielhaft hierfür sind die Prozesse und Entwicklungen (sowie auch Ressentiments) rund um die Integration der Frau in die deutschen Streitkräfte zu nennen.

Abschließend läßt sich feststellen, daß die im Rahmen dieser Abhandlung erarbeiteten Analyseergebnisse darauf hindeuten, daß die Bundeswehr durchaus mit dem Thema „Integration ihrer Soldaten mit Migrationshintergrund" befaßt ist. Dies geschieht überwiegend reflektierend, mitunter aber auch reaktiv oder rein rezeptiv.[91]

Interessant für weitere Forschungsprojekte wird es sein festzustellen, wie die Bundeswehr in Zukunft auf den steigenden demographischen Druck sowie die angespannte Nachwuchssituation reagiert und ob sie neue Lösungswege und -strategien entwickelt, die sich speziell auf Menschen mit Migrationshintergrund richten.

---

91 Vgl. etwa die Beiträge „Bundeswehr setzt verstärkt auf Migranten" (29. Februar 2012) und „Als Migrant in der Bundeswehr" (23. Mai 2012), über *www.bundesregierung.de* und das Stichwort „Charta der Vielfalt" auffindbar, sowie den Beitrag „Diversity-Management", ebenfalls von Uwe Ulrich vom ZInFü verfaßt, über den Reader Sicherheitspolitik (www.readersipo.de, Ausgabe 02/2013) erhältlich.

6 Literaturverzeichnis

Abraham, Martin/Büschges, Günther (2009): Einführung in die Organisationssoziologie. Studienschriften zur Soziologie. Wiesbaden: VS Verlag.

AFP (2011): Migranten sollen als Bundis geworben werden. In: Die Tageszeitung vom 24. Mai 2011, S. 6.

AFP/dpa (2011): Mehr Migranten sollen in die Bundeswehr. In: Frankfurter Rundschau vom 24. Mai 2011, S. 7.

Berg, Bettina (2012): Verpflichtung zu Toleranz. In: Bundeswehr aktuell, 48. Jg., Nr. 9, S. 1

Bröcker, Michael/Gösmann, Sven/Mayntz, Gregor (2010): Gutenberg mahnt Deutsche. Eigene Kultur nicht vergessen. In: Rheinische Post vom 9. Oktober 2010.

Brunsson, Nils (1989): Ideas, Decisions and Actions in Organizations. In: Brunsson, Nils: The Organization of Hypocrisy. Chichester et al.: Stockholm School of Economics, S. 167-193.

Brunsson, Nils (2007a): Decision as Institution. In: ders.: The Consequences of Decision – Making. Oxford/New York: Oxford University Press, S. 1-12.

Brunsson, Nils (2007b): Organized Hyprocrisy. In: ders.: The Consequences of Decision – Making. Oxford/New York: Oxford University Press, S. 111-134.

Bundesministerium der Verteidigung (Hg.) (1992): ZDv 64/1. Stabsdienstordnung der Bundeswehr. Bonn: Bundesministerium der Verteidigung.

Bundesministerium der Verteidigung (Hg.) (1993): ZDv 10/5. Leben in der militärischen Gemeinschaft. Bundesministerium der Verteidigung. Bonn.

Bundesministerium der Verteidigung (Hg.) (1995): ZDv 20/1. Die Personalführung für die Soldaten der Bundeswehr. Bonn: Bundesministerium der Verteidigung.

Bundesministerium der Verteidigung (Hg.) (2008): ZDv 10/1. Innere Führung. Selbstverständnis und Führungskultur in der Bundeswehr. Bonn: Bundesministerium der Verteidigung.

Buse, Uwe (2011): Die Drückerkompanie. In: Der Spiegel vom 30. Mai 2011, S. 50.

Croitoru, Joseph (2010): Der sensible Soldat im Einsatzgebiet. In: Frankfurter Allgemeine Zeitung vom 9. Juni 2010, S. N4.

Deutscher. Soldat. e.V. (2011): Satzung. Hamburg.

Dier, Aleksandra (2010): Bunt statt oliv. In: Die Zeit vom 4. November 2010, S. 15.

Elßner, Thomas/Krauß, Hanna-Lena (2007): Arbeitspapier Deutsche Staatsbürger muslimischen Glaubens in der Bundeswehr. Koblenz/Strausberg: Zentrum Innere Führung.

Elßner, Thomas/Neuser, Hanna-Lena (2011): Arbeitspapier Deutsche Staatsbürger muslimischen Glaubens in der Bundeswehr. Koblenz/Strausberg: Zentrum Innere Führung.

Goffman, Erving (2007): Asylums. Essays on the Social Situation of Mental Patients and Other Inmates. New York: Aldine Transaction Publishers.

Hanke, Thomas (2009): Ein Jahr für die Gesellschaft. In: Handelsblatt vom 3. August 2009, S. 6.

Hellmann, Kai-Uwe (2006): Organisationslegitimität im Neo-Institutionalismus. In: Konstanze Senge/Kai-Uwe Hellmann (Hg.): Einführung in den Neo-Institutionalismus. Mit einem Beitrag von W. Richard Scott. Wiesbaden: Verlag für Sozialwissenschaften, S. 75-88.

Hirschman, Albert O. (1974): Abwanderung und Widerspruch. Reaktionen auf Leistungsabfall bei Unternehmungen, Organisationen und Staaten. Tübingen: Mohr (Siebeck).

Jetzkowitz, Jens/Stark, Carsten (Hg.) (2003): Soziologischer Funktionalismus. Zur Methodologie einer Theorietradition. Opladen: Westdeutscher Verlag.

Joas, Hans (Hg.) (2007): Lehrbuch der Soziologie. Frankfurt/New York: Campus.

Klein, Paul (2012): Jüdische Soldaten in Deutschland in der Vergagenheit und heute. In: Gerhard Kümmel (Hg.): Die Truppe wird bunter. Streitkräfte und Minderheiten. Militär und Sozialwissenschaften, Bd. 47. Baden-Baden: Nomos, S. 83-93.

Kühl, Stefan (2011): Organisationen. Eine sehr kurze Einführung. Wiesbaden: Verlag für Sozialwissenschaften.

Kümmel, Gerhard (2012): Die Minderheiten, das Fremde und das Militär: Eine Einleitung. In: ders. (Hg.): Die Truppe wird bunter. Streitkräfte und Minderheiten. Militär und Sozialwissenschaften, Bd. 47. Baden-Baden: Nomos, S. 9-21.

Langer, Phil (2010): Das Integrationspotenzial von Streitkräften in Migrationsgesellschaften. Argumente, Entwicklungen und Perspektiven zur Rolle der Bundeswehr im aktuellen Diskurs. Strausberg: Sozialwissenschaftliches Institut der Bundeswehr.

Luhmann, Niklas (1971): Lob der Routine. In: ders.: Politische Planung. Aufsätze zur Soziologie von Politik und Verwaltung. Opladen: Westdeutscher Verlag, S. 113-121.

Luhmann, Niklas (1975a): Interaktion, Organisation, Gesellschaft. In: ders.: Soziologische Aufklärung. Opladen: Westdeutscher Verlag, S. 9-20.

Luhmann, Niklas (1975b): Allgemeine Theorie organisierter Sozialsysteme. In: ders.: Soziologische Aufklärung. Opladen: Westdeutscher Verlag, S. 39-50.

March, James G. (1990): Eine Chronik der Überlegungen über Entscheidungsprozesse in Organisationen. In: ders. (Hg.): Entscheidung und Organisation. Wiesbaden: Gabler, S. 1-27.

Marguier, Alexander (2011): Die Armee ist eine Chance für Migranten. In: Cicero, 1. Juni 2011, S. 40.

Menke, Iris/Langer, Phil/Tomforde, Maren (2011): Challenges and Chances of Integrating Muslim Soldiers in the Bundeswehr: Strategies of Diversity Management in the German Armed Forces. In: Iris Menke/Phil Langer, (Hg.): Muslim Service Members in Non-Muslim Countries. Experiences of Difference in the Armed Forces in Austria, Germany and the Netherlands. Strausberg: Sozialwissenschaftliches Institut der Bundeswehr, S. 13-42.

Meyer, John/Rowan, Brian (1977): Institutionalized Organizations: Formal Structure as Myth and Ceremony. In: The American Journal of Sociology, Vol. 83, No. 2, S. 340-363.

Michel, Alexander (2006): Im Dienst fürs neue Vaterland. In: Südkurier vom 27. April 2006, S. 1.

Michalowski, Ines (2012): Der Umgang mit religiöser Diversität im Militär. Deutschland und die USA im Vergleich. In: Gerhard Kümmel (Hg.): Die Truppe wird bunter. Streitkräfte und Minderheiten. Militär und Sozialwissenschaften, Bd. 47. Baden-Baden: Nomos, S. 111-124.

o. V. (1999a): Positive Wirkung. In: Bundeswehr aktuell, 35. Jg. Nr. 2, S. 1.

o. V. (1999b): Ein Gewinn für die Truppe. In: Bundeswehr aktuell, 35.Jg. Nr. 9. S. 6.

o. V. (2001): Ich trage meinen Kopf auch in Uniform hoch! In: Bundeswehr aktuell, 37. Jg. Nr. 4, S. 8-9.

o. V. (2003): Vom SanBereich in den Landtag. In: Bundeswehr aktuell, 39. Jg., Nr. 38, S. 6-7.

o. V. (2004): Es kursieren Urteile und Vorurteile. In: Bundeswehr aktuell, 40. Jg., Nr. 34, S. 5.

o. V. (2008): Die ersten Wochen. In: Bundeswehr aktuell, 44. Jg. Nr. 50, S. 12.

o. V. (2011a): Berufswelt Bundeswehr. In: Bundeswehr aktuell, 47. Jg. Nr. 15, S. 1.

o. V. (2011b): Für die Frauen und Männer in den Auslandseinsätzen. In: Bundeswehr aktuell, 47. Jg., Nr. 50, S. 8-9.

o. V. (2010a): Bundeswehr schult Soldaten in interkultureller Kompetenz. In: Hamburger Abendblatt vom 11. Mai 2010, S. 3.

o. V. (2010b): Schule der Integration für Gefreiten Grigori. In: Neue Osnabrücker Zeitung vom 7. Juni 2010, S. 3.

o. V. (2011a): Bundeswehr soll um Zuwanderer werben. In: Neue Ruhr Zeitung, 24. Mai 2011, S. 5.

o. V. (2011b): Verwaltungsgericht. Muslimischer Zeitsoldat zu Recht entlassen. In: Migration und Bevölkerung vom 28. November 2011, S. 2.

o. V. (2011c): Bundeswehr für Migranten öffnen, in: Frankfurter Allgemeine Zeitung vom 27. Dezember 2011, S. 4.

Preuß, Roland (2009): Sprach-untauglich. In: Süddeutsche Zeitung vom 15. Januar 2009, S. 1.

Rollmann, Annette (2010): Die Suche nach dem Alltag. In: Rheinischer Merkur vom 20. Mai 2010, S. 5.

Sarrazin, Thilo (2010): Deutschland schafft sich ab. Wie wir unser Land aufs spiel setzen. München: Deutsche Verlags-Anstalt.

Schimank, Uwe (1994): Organisationssoziologie. In: Kerber, Harald/Schmieder, Arnold (Hg.): Spezielle Soziologien. Reinbek: Rowohlt, S. 240-254.

Schreyögg, Georg (2008): Organisation. Grundlagen moderner Organisationsgestaltung. Wiesbaden: Gabler.

Simon, Herbert Alexander (1981): Entscheidungsverhalten in Organisationen. Eine Untersuchung von Entscheidungsprozessen in Management und Verwaltung. Landsberg am Lech: Moderne Industrie.

Simon, Herbert Alexander (1982): Models of Bounded Rationality. Cambridge: MIT Press.

Sorge, Petra (2010): Der Türke tut Dienst für Deutschland. In: Nürnberger Nachrichten vom 28. Mai 2010, S. 13.

Sozialwissenschaftliches Institut der Bundeswehr (SoWI) (2008): Forschungsplanung 2007-2009 des Sozialwissenschaftlichen Institutes der Bundeswehr. Strausberg: Sozialwissenschaftliches Institut der Bundeswehr.

Suchman, Mark (1995): Managing Legitimacy: Strategic and Institutional Approaches. In: Academy of Management Review, Vol. 20, No. 3, S. 571-610.

Tomforde, Maren (2012): Muslime in der Bundeswehr: Grade der Integration und Anpassungsstrategien. In: Gerhard Kümmel (Hg.): Die Truppe wird bunter. Streitkräfte und Minderheiten. Militär und Sozialwissenschaften, Bd. 47. Baden-Baden: Nomos, S. 95-109.

Türk, Klaus (1990): Neuere Organisationssoziologie. Ein Studienskript. Wuppertal: Bergische Universität Wuppertal.

van der Meulen, Jan/Soeters, Joseph (2007): Introduction. In: Joseph Soeters/Jan van der Meulen (Hg.): Cultural Diversity in the Armed Forces. An international comparison. London/New York: Routledge, S. 1-14.

Zentrum Innere Führung (2011a): Arbeitspapier 1/2011. Deutsche Staatsbürger muslimischen Glaubens in der Bundeswehr. Koblenz/Strausberg: Zentrum Innere Führung.

Zentrum Innere Führung (2011b): Arbeitspapier 3/2011. Interkulturelle Kompetenz in der Bundeswehr. Einführung für Multiplikatoren? Koblenz/Strausberg: Zentrum Innere Führung.

Internet

AIK-Internetseite 2011. Quelle: www.aik.bundeswehr.de/portal/a/aik, Zugriff am 05.03.2012.

AIK-Internetseite 2012. Quelle: www.aik.bundeswehr.de/portal/a/aik/!ut/p/c4/04_SB8K8xLLM9MSSzPy8xBz9CP3I5EyrpHK94uyk-MTMbL30 otK8ΓP2CbEdFΛPHO_vg!/, Zugriff am 05.03.2012.

Bundesministerium der Verteidigung (2011): Maßnahmenpaket zur Steigerung der Attraktivität des Dienstes in der Bundeswehr. Quelle: aussen-sicher heitspolitik.de/wp-content/uploads/2011/02/110105-BMVg-F%C2%9 F-S-I-Ma%C2%A7nahmenpaket-Attraktivit%C3%A4t.pdf, Zugriff am 22.03.2012.

Bundesregierung.de (2009): Nationaler Aktionsplan Integration. Quelle: www.bbsr.bund.de/BBSR/DE/FP/ExWoSt/Forschungsfelder/2009/Int egrationStadtteilpoli-tik/NationalerAktionsplanIntegration2011.pdf?__blob=publicationFile& v=2.

Bundesregierung.de (2010): Staatsministerin Böhmer: „Integration ist für die Bundeswehr Chance und Herausforderung". Quelle: www.bundesregie

rung.de/Content/DE/Pressemitteilungen/BPA/2010/07/2010-07-13-ib-integration.html.

Bundeswehr.de (2012a): Impressum. Quelle: www.bundeswehr.de/portal/a/bwde/!ut/p/c4/04_SB8K8xLLM9MSSzPy8xBz9CP3I5EyrpHK9pPK UVL1ivczcgqLU4uLSXP2CbEdFAPx63fY!/, Zugriff am 07.02.2012.

Bundeswehr.de (2012b): Bundeswehr aktuell. Quelle: www.bundeswehr.de/portal/a/bwde/!ut/p/c4/FcZBEkAwDADAt_hAcnfzC9zSNsg0DU OqM16P2cvijB-jW1Zy2Y0UR5yi9KFBaImhVHUpnITgYfFqK1u19P-K2ymLswFlr6yKRx66F1q6qbc!/, Zugriff am 10.03.2012.

Bundeswehr-Karriere.de (2012): Startseite. Quelle: mil.bundeswehr-karriere.de/portal/a/milkarriere/!ut/p/c4/04_SB8K8xLLM9MSSzPy8x Bz9CP 3I5EyrpHK93Myc7MSioszUolS9Yr3M3IKi1OLi0lz9 gmxHRQATUB-J, Zugriff am 07.02.2012.

bundeswehr.de (2013): Impressum. Quelle: www.bundeswehr.de/por-tal/a/bwde/!ut/p/c4/04_SB8K8xLLM9MSSzPy8xBz9CP3I5EyrpHK9pPK UVL1ivczcgqLU4uLSXP2CbEdFAPx63fY!/, Zugriff am 07.08.2013.

bundeswehr-karriere.de (2012a): Als Muslim für die Bundeswehr im Auslandseinsatz. Quelle: mil.bundeswehr-karriere.de/portal/a/milkarriere/!ut/p/c4/DcLBDYAwCAXQWVwA7t7cQr19KrakLRrS6Pqa93jnn-Oxj GGXo_HKW7JZXurWKiJMQwkhaiOraJAjlbBUhjqhn4cY-K7L9AE5 _O-t/, Zugriff am 07.08.2013.

bundeswehr-karriere.de (2012b): Truppenarzt mit syrischen Wurzeln. Quelle: mil.bundeswehr-karriere.de/portal/a/milkarriere/!ut/p/c4/Lce7DYAwD AXAWVgg7unYAugcsCKL_PRiiGB6KNBVRyt9Ml8a2LRkjjTTsunou0s aDwZUII7hRS2IF7jGeW_maoGB1dr_L3gstRv9xEP1mIYX5_P4Ig!!/, Zugriff am 07.08.2013.

bundeswehr-karriere.de (2013): Impressum. Quelle: mil.bundeswehr-karriere.de/portal/a/milkarriere/!ut/p/c4/04_SB8K8xLLM9MSSzPy8x Bz9CP3I5EyrpHK93Myc7MSioszUolS9Yr3M3IKi1OLi0lz9gmxHRQAT UB-J/, Zugriff am 07.08.2013.

CDU/CSU (2011): Sicherheitspolitik: Sicherheits- und Verteidigungspolitik: Frieden und Freiheit weltweit sichern. Quelle: www.CDU/CSU.de/doc/pdf/110627-sicherheitspolitik.pdf, Zugriff am 12.03.2012.

Charta der Vielfalt e.V. (2011): Historie der Charta der Vielfalt. Quelle: www.charta-der-vielfalt.de/de/charta-der-vielfalt/historie.html, Zugriff am 19.02.2012.

Charta der Vielfalt e.V. (2011): Über die Charta. Quelle: www.charta-der-vielfalt.de/de/charta-der-vielfalt/ueber-die-charta.html, Zugriff am 19.02.2012.

Charte de la diversité (2010): Une initiative d'entreprises. Erklärung der französischen Charta der Vielfalt. Quelle: www.charte-diversite.com/charte-diversite-la-charte.php, Zugriff am 19.02.2012.

FDP (2010a): Positionspapier Bundeswehr der Zukunft. Quelle: www.elke-hoff.de/files/ehoff/uploads/101108_positionspapier_bw_der_zukunft_final_2_zur_ve.pdf, Zugriff am 12.03.2012.

FDP (2010b): Positionspapier Integration-Endfassung. Quelle: www.fdp-fraktion.de/files/1228/P_-_Positionspapier_Integration_-_Endfassung.pdf, Zugriff am 12.03.2012.

Frankfurter Rundschau (2011): Nur EU-Ausländer zur Bundeswehr. Quelle: www.fr-online.de/politik/praezisierter-vorschlag-nur-eu-auslaender-zur-bundeswehr,1472596,7189972.html, Zugriff am 21.03.2012.

Heinrich Böll Stiftung (2008): Vielfalt in der Gesellschaft. Quelle: www.migration-boell.de/web/diversity/48_1509.asp, Zugriff am 19.02.2012.

Jablonski, Hans (2008): Die „Charta der Vielfalt der Unternehmen in Deutschland" – Erfolgsmodell oder Lippenbekenntnis?. Quelle: www.idm-diversity.org/deu/infothek_jablonski_charta.html, Zugriff am 19.02.2012.

Kelle, Birgit (2007): Alles integriert oder was? Sie sind Christen, Muslime, Hindus oder Juden. Sie tragen die deutschen Farben und die Uniformen der Bundeswehr. Wie funktioniert das Miteinander der Kulturen im Inneren der Truppe? Quelle: www.y-punkt.de/portal/a/ypunkt/!ut/p/c4/LYvBCsIwEAX_aDdRIdSbRRQvehG1XiRNQhtsk7BsWwQ_3gR8A3MZHj4xE_TsO80-Bj3gAxvjt-0C7WLd65Om8GbQZHo_w0oIhfdysQ5MDI6L2QX22R1pjgQpEg-lTES5gLfYCLmv5VqK_-RXqeuxvlXV5nQ-XDCN4-4HUn42tA!!/, Zugriff am 07.08.2013.

Maluche, Steffen (2013): Mit Allah im Flecktarn. Quelle: www.y-punkt.de/portal/a/ypunkt/!ut/p/c4/LYvLCsMgEEX_aEZJH6S7pNl0200emzKJEiRGRcaGQj--Cr0HzuZwccKMo7dZiY13ZHHAcTG3-YD5UPr1CcltDLRx0tZCdRFrJIV9uSkNi3eai1k7Ntm5so8QfGRbSooxFzAKRyG7VlZS_Ce_9am_N8NZXrtH-8Sw780PSL4f4Q!!/, Zugriff am 06.08.2013.

Presse- und Informationsamt der Bundesregierung (2012): Bundeswehr setzt verstärkt auf Migranten. Quelle: www.bundesregierung.de/Content/DE/

Artikel/IB/Artikel/Arbeitsmarkt/2021-02-29-charta-der-vielfalt-bmvg, Zugriff am 21.03.2012.

Schmidt, Michael (2010): Portrait Reinhold Robbe. „Die Bundeswehr ist ein Spiegel der Gesellschaft." Quelle: www.tagesspiegel.de/meinung/kommentare/portraet-reinhold-robbe-die-bundeswehr-ist-ein-spiegel-der-gesellschaft/1691866.html, Zugriff am 10.03.12.

Schönheich, Thomas (2011): Wie Gundlach Verpackung die „Charta der Vielfalt" umsetzt. Quelle: www.nw-news.de/owl/regionale_wirtschaft/4758 995_Wie_Gundlach_Verpackung_die_Charta_der_Vielfalt_umsetzt.html, Zugriff am 19.02.2012.

Sozialwissenschaftliches Institut der Bundeswehr (2012): „Über Uns", Startseite. Quelle: www.sowi.bundeswehr.de/portal/a/swinstbw/!ut/p/c4/04_SB8K8xLLM9MSSzPy8xBz9CP3I5EyrpHK94uyk-OLyzLziEiCnNCm1KL40r1gPJmKoX5DtqAgAfdlatQ!!/, Zugriff am 10.03.12.

SPD (2010): Positionspapier der SPD-Bundestagsfraktion zur Zukunft von Wehr- und Zivildienst. Quelle: www.rainer-arnold.de/pdf/positions-papier_080910.pdf, Zugriff am 12.03.2012.

SPD (2011): Sigmar Gabriel zu Gast in Hamburg – Rede zur Sicherheitspolitik. Quelle: oezoguz.de/sigmar-gabriel-zu-gast-in-hamburg-rede-zur-sicherheitspolitik/4561/, Zugriff am 12.03.2012.

Spiegel.de (2011): Nachwuchsmangel bei der Bundeswehr. Freundschaftsanfrage in Flecktarn. Quelle: www.spiegel.de/schulspiegel/0,1518,748434,00.html, Zugriff am 5.03.2012.

Statistisches Bundesamt (2007): Migration und Integration. Quelle: www.destatis.de/jetspeed/portal/cms/Sites/destatis/Internet/DE/Navigation/Statistiken/Bevoelkerung/MigrationIntegration/MigrationIntegration.psml, Zugriff am 6.02.12.

Wildemann, Stefan (2012): Als muslimischer Soldat im Heer – Spannungsfeld zwischen Beruf und Religion. Quelle: www.deutschesheer.de/portal/a/heer/!ut/p/c4/NYzBCsIwEET_aDcVSos3qxS86FHjbU1DE02Tsm704sebHJyBYeANgzcsjvT2M4lPkQJeURu_vX_AWctAT8k2BIhkHHvjxEZ4kOONahRQnvNLasVL_ZksmBSt1CxD8SVnJkkMa2IJlWTmQsBPqFVzGFSr_mq-faf349C1_fE0nnFdlt0PMGDOFg!!/, Zugriff am 06.08.2013.

Wilke, Björn (2013): Migrationssoldaten. Quelle: www.readersipo.de/portal/a/sipo/!ut/p/c4/TYtLCgIxEERvlB7TTCLuPIWOG0mm26EhP2J0PL4JbuTBK4qi4Aad5N6yuSY5uQBXWFY5-V35nfj-lJLVR0UmcV4CwW

158

UciNWaE7fhxqlJ91Zdy1WVXFsYy6vWvighWPCAMx41I6LuHg17Gt
Q4_WOsIWPQmkdHW6enHzhDifH8BW2QOO0!/,   Zugriff   am
06.08.2013.

Wissen.DRadio.de (2011): Soldaten ohne deutsche Staatsbürgerschaft. Quelle:
wissen.dradio.de/bundeswehr-soldaten-ohne-deutsche-staatsbuerger
schaft.33.de.html?dram:article_id=8462, Zugriff am 11.03.12.

Wolffsohn, Michael (2010): Spiegel der Gesellschaft. Quelle: www.welt.de/
die-welt/debatte/article7298017/Spiegel-der-Gesellschaft.html,   Zugriff
am 22.03.2012.

Emails

Eichstedt, Jan (2011), Büroleiteiter von Elke Hoff (Mitglied des Bundestages),
an Jan Hörmann vom 16.12.2011.

Menzer, Jan (2011), CDU-Bundesgeschäftsstelle (Team Bürgerservice), an Jan
Hörmann vom 9.12.2011.

Recker, Verena (2012), Arbeitsgruppe Sicherheits- und Verteidigungspolitik,
für Rainer Arnold (Verteidigungspolitischer Sprecher SPD-Bundestagsfraktion), an Kai-Uwe Hellmann vom 11.01.2012.

Carola Hartmann Miles-Verlag

Politik, Gesellschaft, Militär

Rüdiger Schönrade, *General Joachim von Stülpnagel und die Politik,* Berlin 2007.

Uwe Hartmann, *Innere Führung. Erfolge und Defizite der Führungsphilosophie für die Bundeswehr,* Berlin 2007.

Dietrich Ungerer, *Militärische Lagen. Analysen – Bedrohungen – Herausforderungen,* Berlin 2007.

Klaus M. Brust, *Söldner – Ausverkauf der Exekutive,* Berlin 2007.

Ingo Werners, *Fahren, Funken, Feuern. Hinweise für die Einsatzvorbereitung,* Berlin 2010.

Peter Heinze, *Bundeswehr „erobert" Deutschlands Osten,* Berlin 2010.

Reinhard Schneider, *Neuste Nachrichten aus unseren Kolonien. Pressemeldungen von den Aufständen in Deutsch-Ostafrika und Deutsch-Südwestafrika 1905-1906,* Berlin 2010.

Dieter E. Kilian, *Politik und Militär in Deutschland. Die Bundespräsidenten und Bundeskanzler und ihre Beziehung zu Soldatentum und Bundeswehr,* Berlin 2011.

Hans Joachim Reeb, *Sicherheitskultur als kommunikative und pädagogische Herausforderung – Der Umgang in Politik, Medien und Gesellschaft, Berlin 2011.*

Reiner Pommerin (ed.), *Clausewitz goes global. Carl von Clausewitz in the 21st Century, Berlin 2011.*

Hans-Christian Beck, Christian Singer (Hrsg.), *Entscheiden – Führen – Verantworten. Soldatsein im 21. Jahrhundert,* Berlin 2011.

Dieter E. Kilian, *Adenauers vergessener Retter – Major Fritz Schliebusch,* Berlin 2011.

Ingo Pfeiffer, *Gegner wider Willen. Konfrontation von Volksmarine und Bundesmarine auf See,* Berlin 2012.

Eberhard Birk, Heiner Möllers, Wolfgang Schmidt (Hrsg.), *Die Luftwaffe zwischen Politik und Technik. Schriften zur Geschichte der Deutschen Luftwaffe, Bd. 2,,* Berlin 2012.

Eberhard Birk, Winfried Heinemann, Sven Lange (Hrsg.), *Tradition für die Bundeswehr. Neue Aspekte einer alten Debatte,* Berlin 2012.

Holger Müller, *Clausewitz' Verständnis von Strategie im Spiegel der Spieltheorie,* Berlin 2012.

Dieter E. Kilian, *Kai-Uwe von Hassel und seine Familie. Zwischen Ostsee und Ostafrika. Militär-biographisches Mosaik,* Berlin 2013.

Angelika Doerfler-Dierken, *Führung in der Bundeswehr,* Berlin 2013.

Jahrbuch Innere Führung

Uwe Hartmann, Claus von Rosen, Christian Walther (Hrsg.), *Jahrbuch Innere Führung 2009. Die Rückkehr des Soldatischen,* Eschede 2009.

Helmut R. Hammerich, Uwe Hartmann, Claus von Rosen (Hrsg.), *Jahrbuch Innere Führung 2010. Die Grenzen des Militärischen,* Berlin 2010.

Uwe Hartmann, Claus von Rosen, Christian Walther (Hrsg.), *Jahrbuch Innere Führung 2011. Ethik als geistige Rüstung für Soldaten,* Berlin 2011.

Uwe Hartmann, Claus von Rosen, Christian Walther (Hrsg.), *Jahrbuch Innere Führung 2012. Der Soldatenberuf zwischen gesellschaftlicher Integration und suis generis-Ansprüchen,* Berlin 2012.

Uwe Hartmann, Claus von Rosen (Hrsg.), *Jahrbuch Innere Führung 2013. Wissenschaften und ihre Relevanz für die Bundeswehr als Armee im Einsatz,* Berlin 2013.

Einsatzerfahrungen

Kay Kuhlen, *Um des lieben Friedens willen. Als Peacekeeper im Kosovo,* Eschede 2009.

Sascha Brinkmann, Joachim Hoppe (Hrsg.), *Generation Einsatz, Fallschirmjäger berichten ihre Erfahrungen aus Afghanistan,* Berlin 2010.

Schwitalla, Artur, *Afghanistan, jetzt weiß ich erst... Gedanken aus meiner Zeit als Kommandeur des Provincial Reconstruction Team FEYZABAD,* Berlin 2010.

Erinnerungen

Blue Braun, *Erinnerungen an die Marine 1956-1996,* Berlin 2012.

Harald Volkmar Schlieder, *Kommando zurück!,* Berlin 2012.

Harald Volkmar Schlieder, *Opa Willy. 1891 Dresden – 1958 Miltenberg. Von einem, der aufsteigen wollte. Eine sächsisch-deutsche Lebensgeschichte in Frieden und Krieg,* Berlin 2012.

Harald Volkmar Schlieder, *Mein Vater – Musiker und Offizier. 1918 Dresden – 1998 Miltenberg,* Berlin 2013.

Reinhart Lunderstädt, *Aus dem Leben eines Hochschullehrers. Persönlicher Bericht,* Berlin 2012.

Wulf Beeck, *Mit Überschall durch den Kalten Krieg. Ein Leben für die Marine,* Berlin 2013.

Romane

Christoph Karich, *Bewährung im Grünen Meer,* Berlin 2009.

Robert B. Thiele, *Die Treuhänderin,* Berlin 2012 (2013 als Paperback unter dem Titel „Der General" neu erschienen).

Monterey Studies

Uwe Hartmann, *Carl von Clausewitz and the Making of Modern Strategy,* Potsdam 2002.

Zeljko Cepanec, *Croatia and NATO. The Stony Road to Membership,* Potsdam 2002.

Ekkehard Stemmer, *Demography and European Armed Forces,* Berlin 2006.

Sven Lange, *Revolt against the West. A Comparison of the Current War on Terror with the Boxer Rebellion in 1900-01,* Berlin 2007.

Klaus M. Brust, *Culture and the Transformation of the Bundeswehr,* Berlin 2007.

Donald Abenheim, *Soldier and Politics Transformed,* Berlin 2007.

Michael Stolzke, *The Conflict Aftermath. A Chance for Democracy: Norm Diffusion in Post-Conflict Peace Building,* Berlin 2007.

Frank Reimers, *Security Culture in Times of War. How did the Balkan War affect the Security Cultures in Germany and the United States?,* Berlin 2007.

Michael G. Lux, *Innere Führung – A Superior Concept of Leadership?,* Berlin 2009.

Marc A. Walther, *HAMAS between Violence and Pragmatism,* Berlin 2010.

Frank Hagemann, *Strategy Making in the European Union,* Berlin 2010.

Ralf Hammerstein, *Deliberalization in Jordan: the Roles of Islamists and U.S.-EU Assistance in stalled Democratization,* Berlin 2011.

Ingo Wittmann, *Auftragstaktik,* Berlin 2012.

www.miles-verlag.jimdo.com